11ㄱ → 7＝ → 6ㅋ → 10ㅐ → 7＝

A	
B	
C	
D	
E	
F	
G	
H	
I	
J	
K	
L	
M	
N	
O	
P	
Q	
R	
S	
T	
U	
V	
W	
X	
Y	
Z	
ß	
Ä	
Ö	
Ü	

Bibliografische Information der Deutschen Nationalbibliothek:
Die Deutsche Nationalbibliothek verzeichnet diese Publikation in der Deutschen Na-
tionalbibliografie; detaillierte bibliografische Daten sind im Internet über
http://dnb.dnb.de abrufbar.

Illustration: **Carsten Richter**

Herstellung und Verlag: BoD – Books on Demand, Norderstedt

ISBN: 9-783-744-870-665

╝╓│┤╢═ 1

╥─╢ ╢╝┤ │╢ ╘ 20 ╝╓│┤╢═ ├╢╝╤╢─┤╢ ╘ ╬╡┼ 20
╗╬╤═╢ ╘ ╡ ╘╖ ┤╙╫╒╘═╢. ╖╬╫─│ ╓╬╘╘│ │ ╖╡
╖╢ ╘ ┴└╖╢ ═╟╡╢╘.

╖╡ ╓╬╘╘│ │ ╢─╘ ╝╓│┤╢═ ╘─┴┬│ ═╟╡╢╘?
├╢╝┤╡┴┬ ╢┤ ┤╕╓│╢╝! ╫╬╘┴┬╢ ╬╡┼╛╬╒╢╘
╓╟╘╘╢╘ ╘─┴┬│ ╛═╢─┴┬ ╛╢═╟╡│ ╤╢╝╖╢╘.

╫╬╘┴┬╢ ┬─╘╤╢─┤╢ ┼─╘╖╢┤│ ╖╡ ─╝╛╢╘╖╤└
─╫ ╒╡┴┬. ╒╢╖╢╘╓╢! ╖╬╡ ╒╡┴┬ ─┤│ ╢─╘
╛╝└═╢┤ ╝╓│┤╢═. ╘╡╝ ─╫ ╒╢╝╢─┴┬ ╖╢╝ │─╕╕┤
╡╘╖ ═╟╡╡ ╘╛╢╘ ┼─╘╖╢┤│ ╖╡ ╓╢─╘╢
├╢╝┤│╢┴╓│╢╘ ┬─╘╤╢─┤╢.

├╢╝┤│╢┴╓│╢ ┬─╘╤╢─┤╢ ─╫ ╒╡┴┬ ╤╢╝╖╢╘
╘─╢╫╬═┤ ╫╢┬╝┼╬┴┬ ├╢╝╤╢╘╖╢│.

╖─╢ ╢─╘╖╢═╘╢╘ ╝╓│┤╢═ ╒╢┤ │╢┬╢╘ ╬╡┤
╫╢┬╝╢╝╢╘ ┤┴┬╝─││╢╘.

╖─╢┤╢╝ ╢╝┤ │╢ ┤┴┬╝─││ ├╢╝╝╓│ ╖─╝ ╢─╘╢
╗╬╤═. ╫─│ ╖╢╝ ╝─┴┬│─╛╢╘ ╗╬╤═ ╤─╝┤ │ ╖╡
╖─╢ ╝─┴┬│─╛╢ ═─╘─╢ ╗╢─┴┬╘╢ ╘ ╡ ╘╖
┤┴┬═─╢╧═─┴┬ ╖╬╢ ┤╙╫╒└═ ┼┘╝ ╖╢╘ ┴└╖╢
╢╘│╖╢┴╓╢╘.

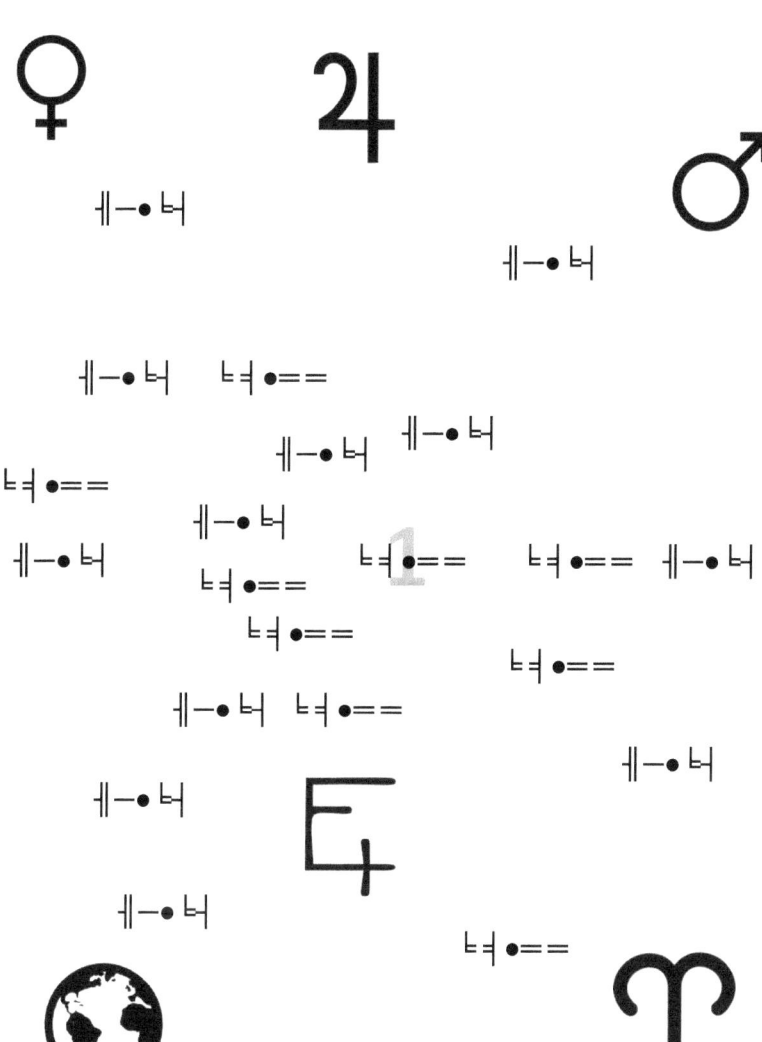

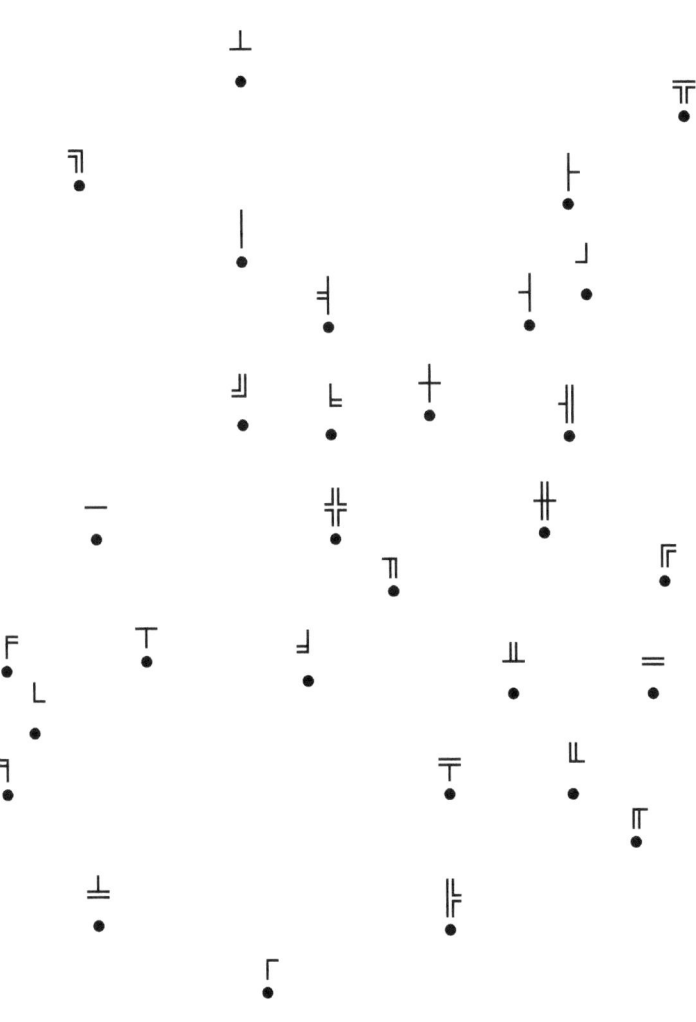

52	
61	

⌐ ╥ ┤╫ = 2

	4	2	1	2	5	
3	**2**	**4**	**5**	**3**	**1**	3
2	**3**	**5**	**4**	**1**	**2**	3
2	**4**	**1**	**2**	**5**	**3**	2
1	**5**	**3**	**1**	**2**	**4**	2
5	**1**	**2**	**3**	**4**	**5**	1
	2	3	3	2	1	

3 – 3 – 3 – 3 – 3

				2		
2	—	╗	┤├	⊥	┤├	1
1	╠	╫	+	┤├	1	3
3	⌐	╥	╕	┘	╤	
3	╫	=	┤	⊥	┬	
	╕	┤├	╥	┘	L	
				2	3	

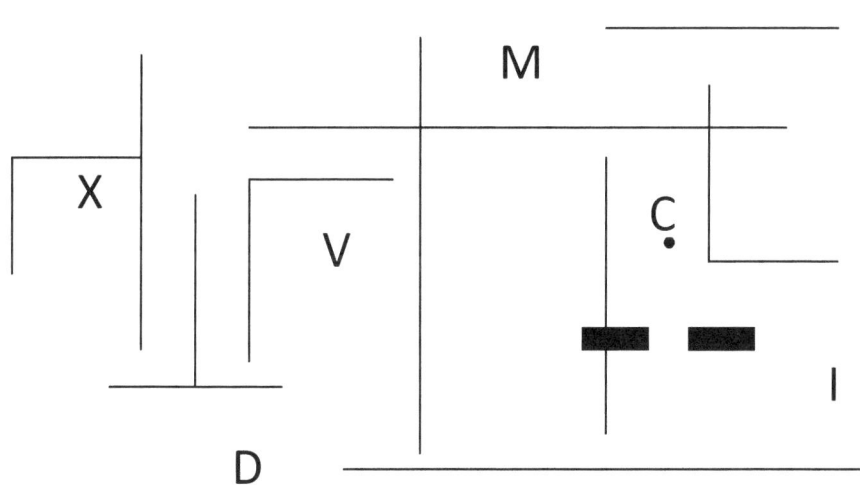

X · M · V · C · D · I

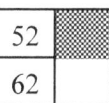

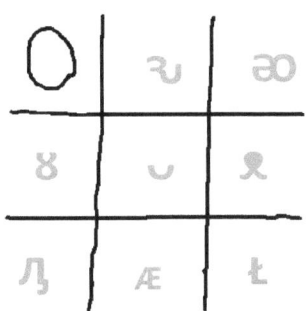

Æ	1		Л		7	9	4	Æ
◡	Ł		Æ	8			ꝛ	7
6	7	ꝯ		8		8	3	ꝗ
2		3	5		ꝯ	Ł		Л
ꝯ	Л	ꝛ	1	ꝗ	2			◡
	8				9	2	ꝯ	5
Ł	8		ꝛ	1		◡	5	6
7	ꝗ			◡	Æ		Ł	
ꝛ	4	6	9		8	ꝗ	2	Л

$$(\_\_ + \_\_ - \_\_) / \_\_ = \_\_,0$$

6

53	
62	

出出出 4

$$a+b+c+d=\underline{}$$

a+b-2c= - 1   3d-5a+2c= - 1   10b+3d+3a-2c= - 1

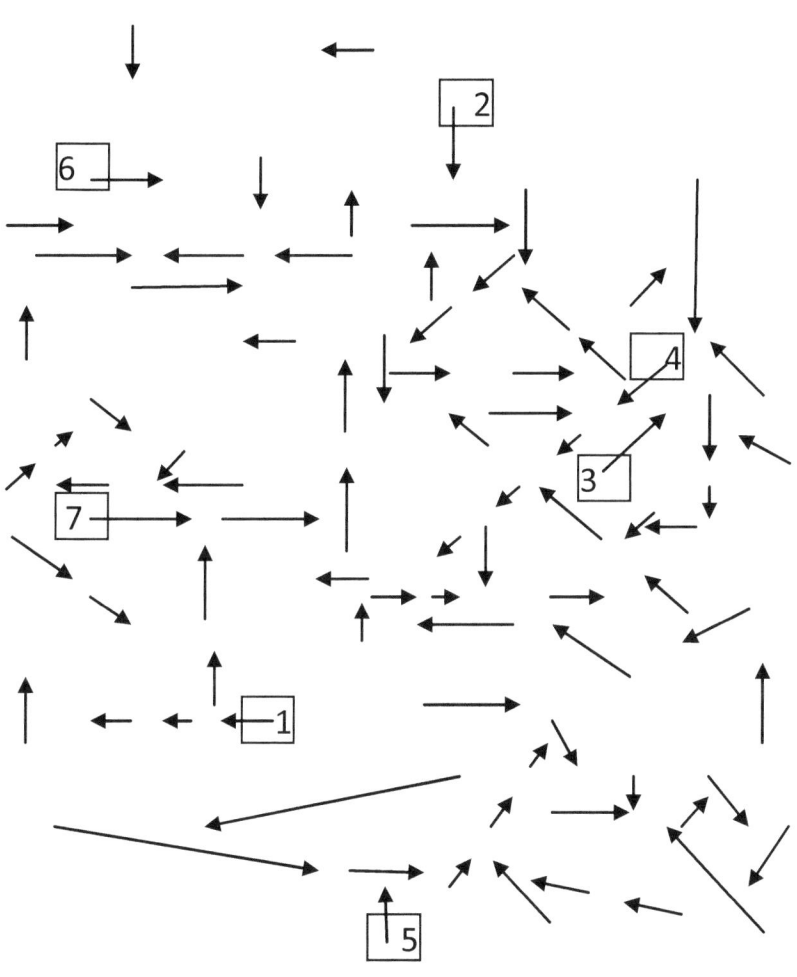

7

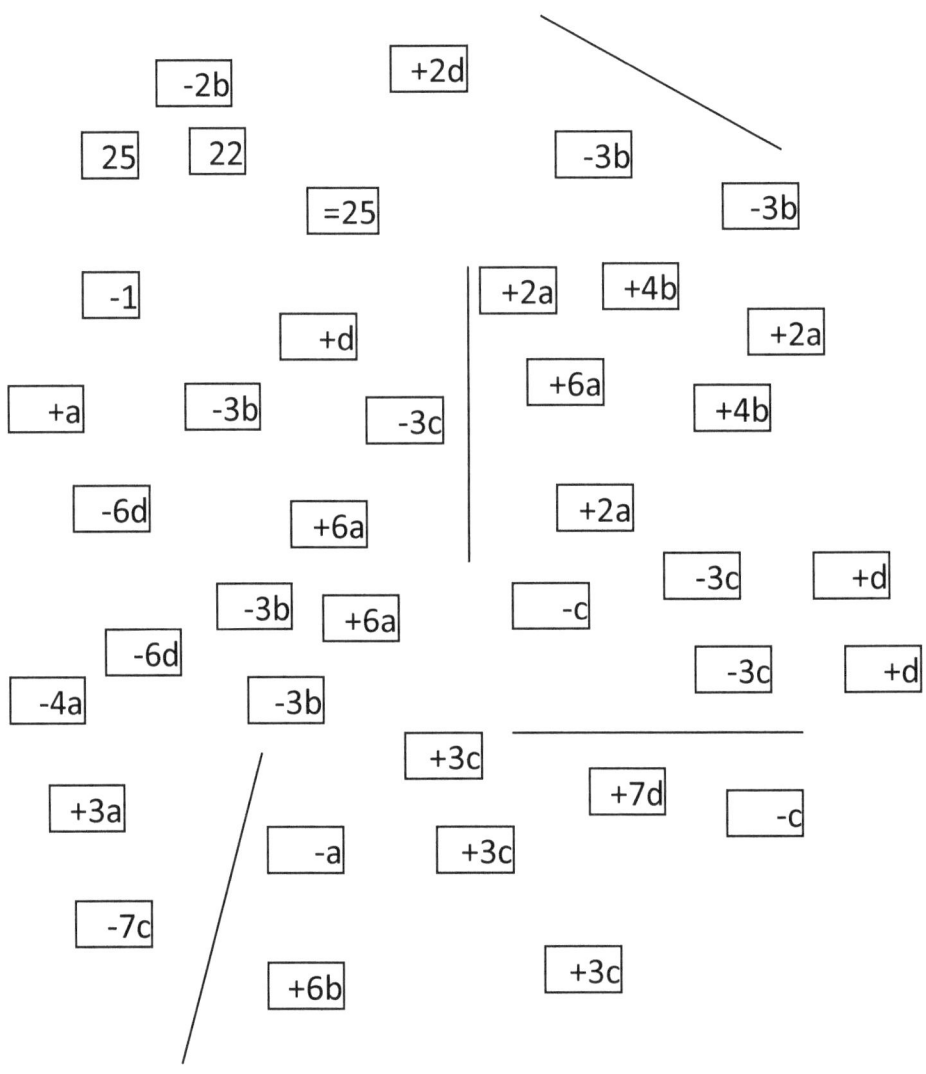

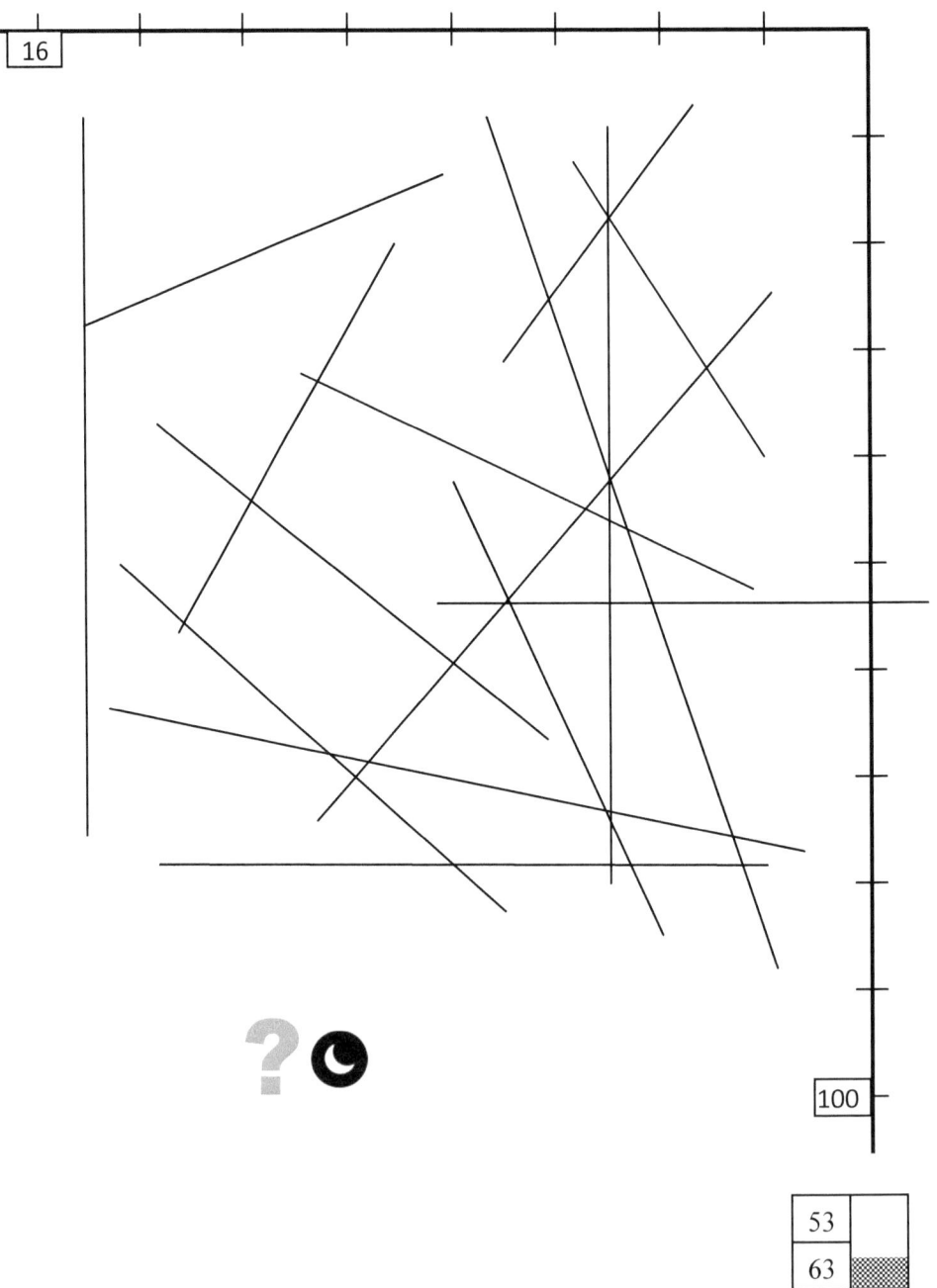

16

100

53

63

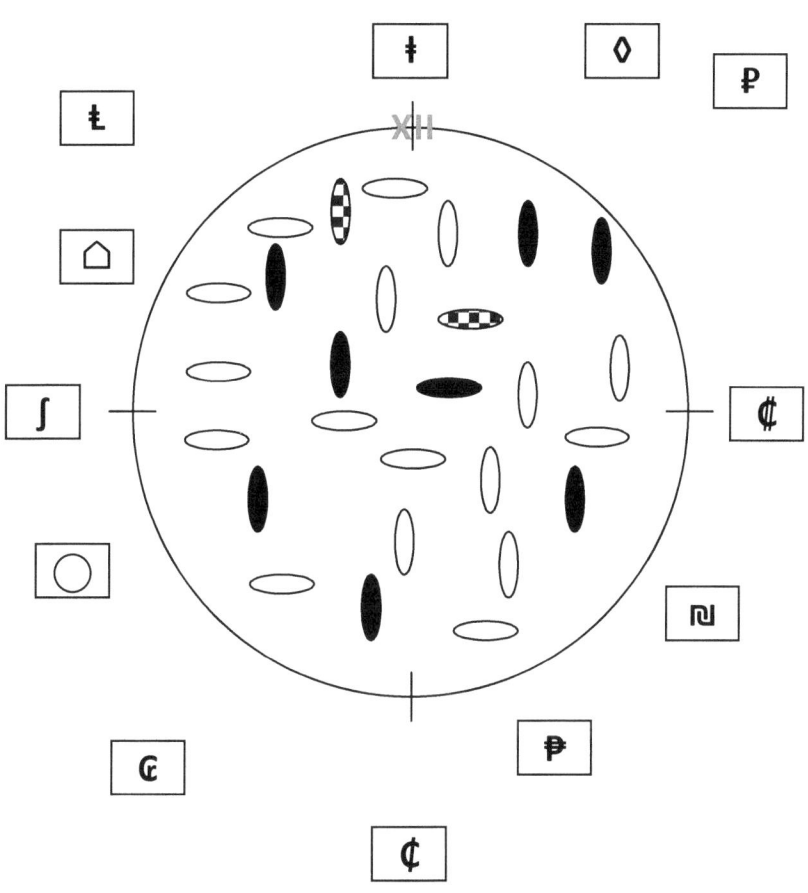

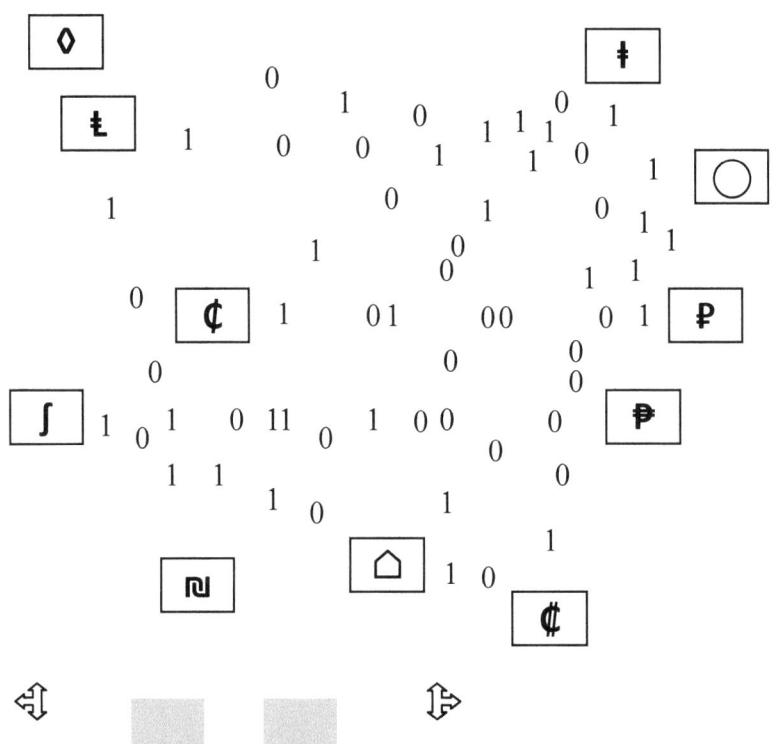

	24	52	56	18	72	7
94	♪	◘	☻	√	△	◙
56	∞	∩	♂	≡	⬚	₠
98	≈	♪	⚹	ə	♠	ω̇
14	∂	‴	♣	…	⋋	∟
81	♀	e	₫	◆	†	ڡ
25	☼	)	Ω	‹	▓	∑

┘ ⅃ ⌐ ╘

53	
64	▒

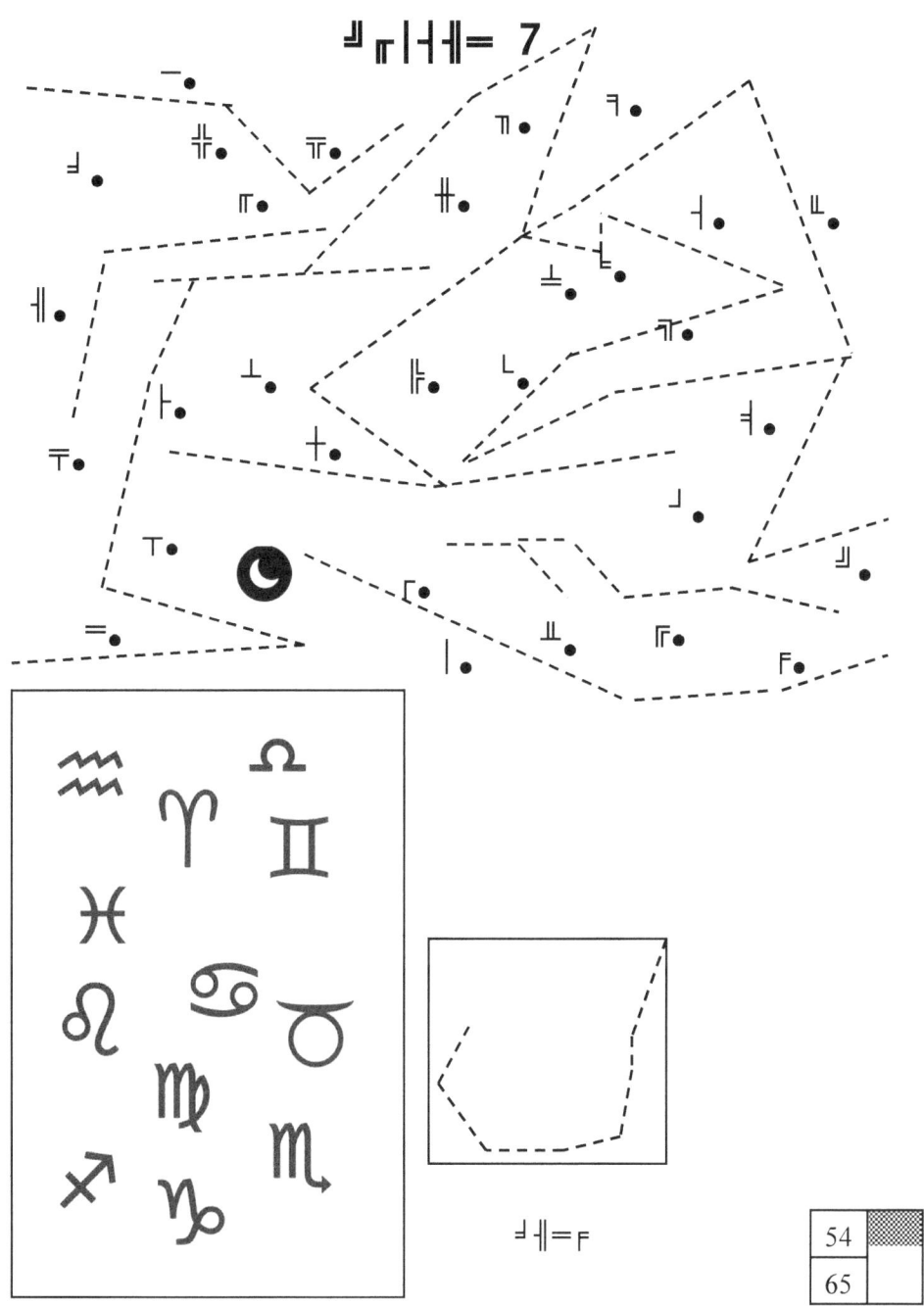

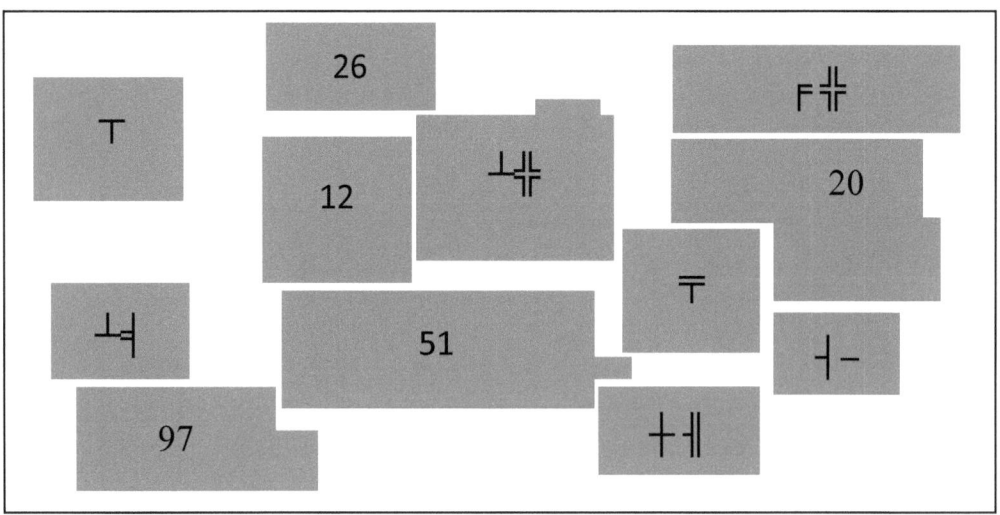

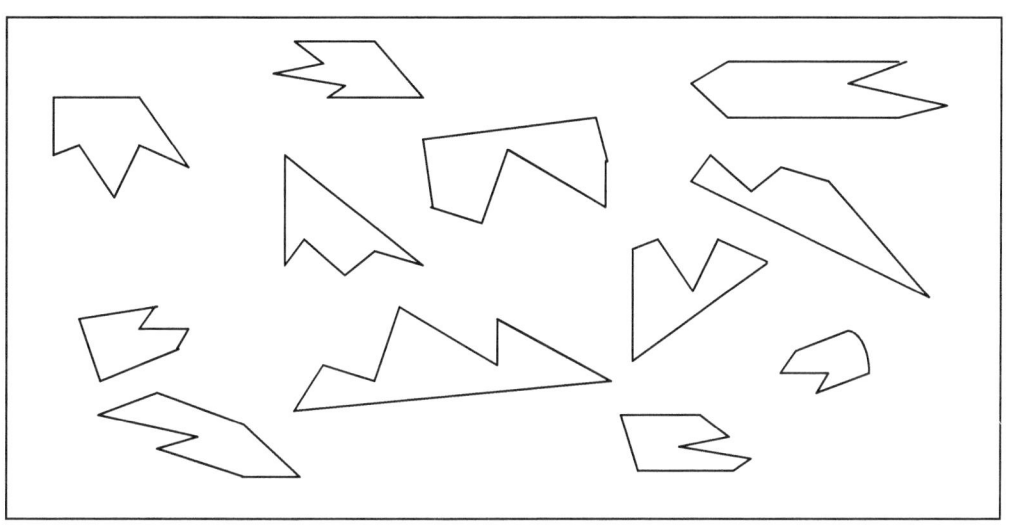

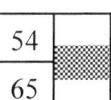

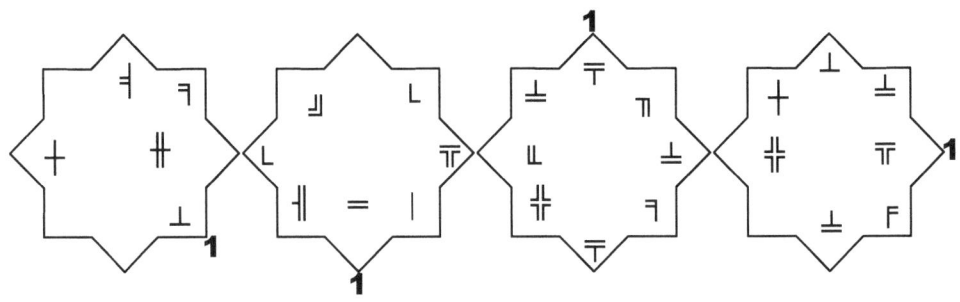

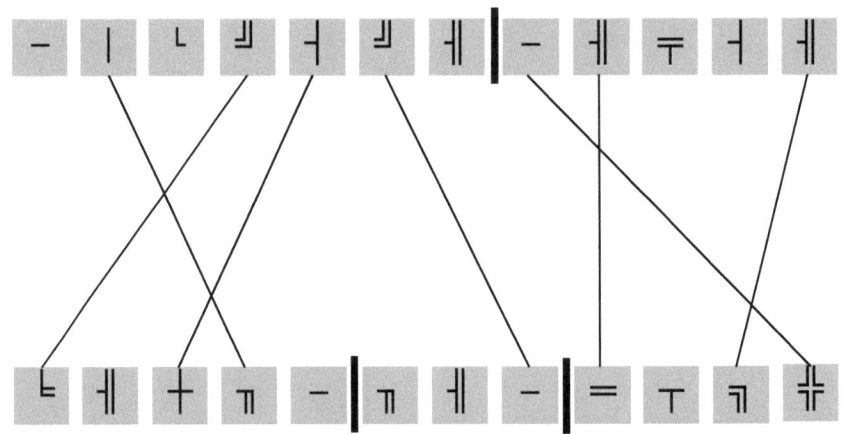

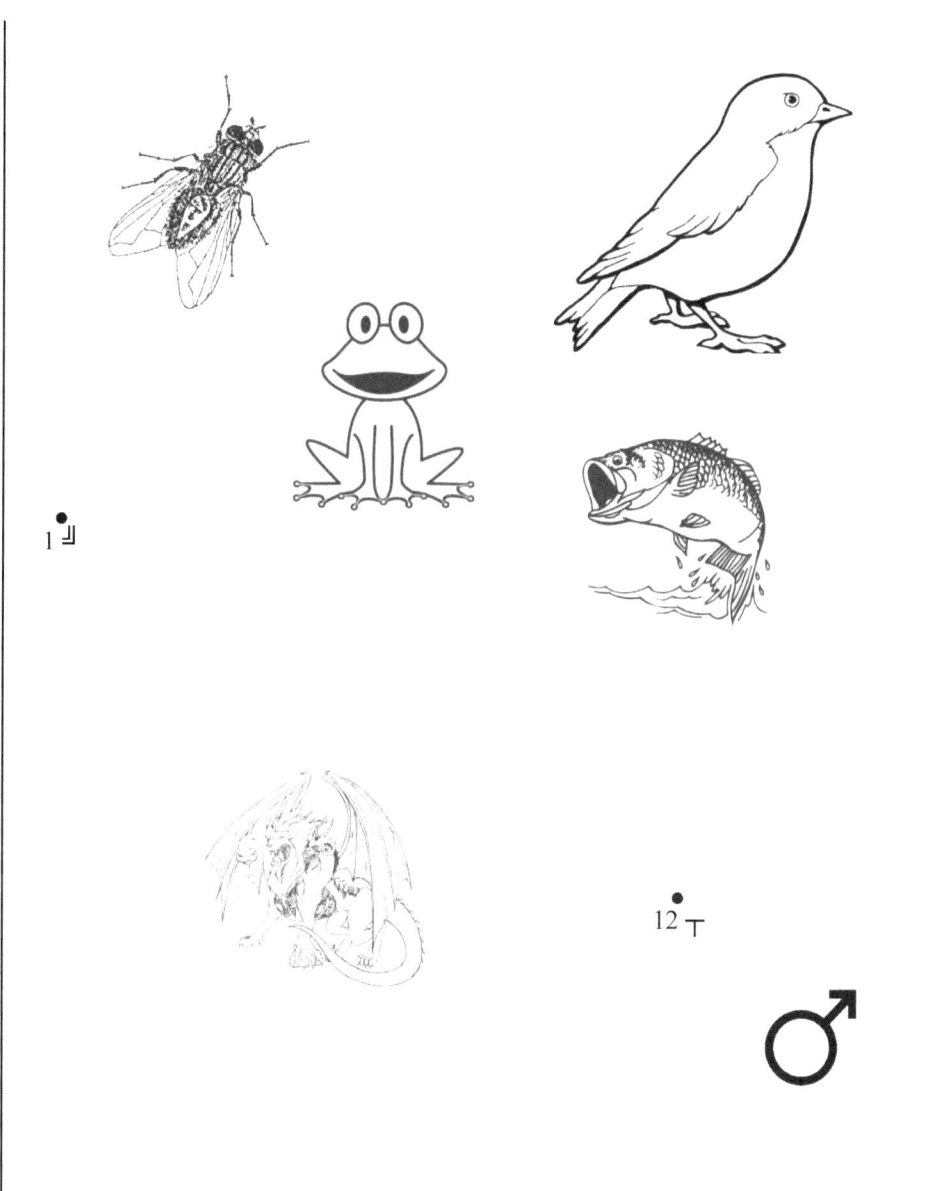

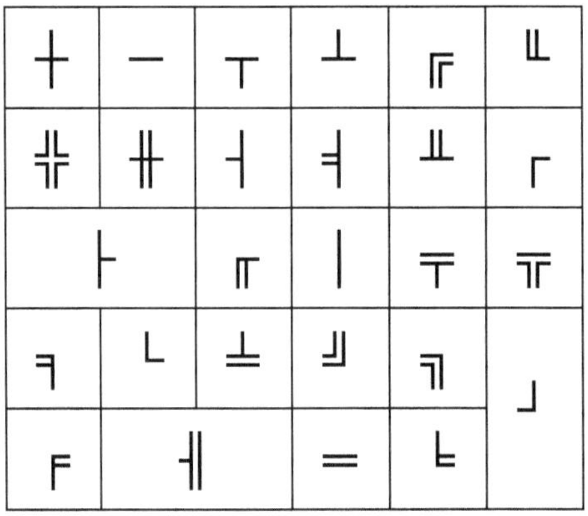

54	
66	

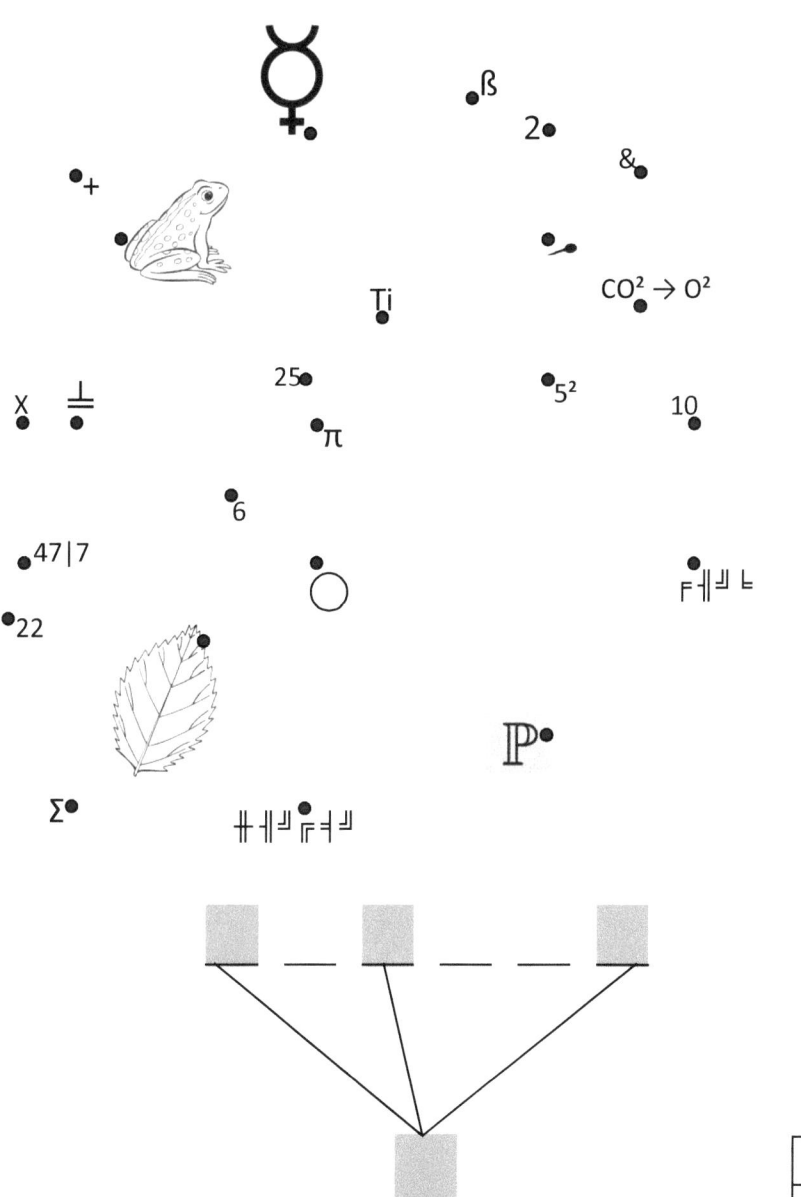

⌐||⌐|⊣|⊨ = 11

ß
2•
&•

CO² → O²

Ti

25•   5²

X   ⊥   10

π

6

47|7

22

Σ•

⊢|⊣|⌐|⊣|

P•

55
66

19

= 12

21, 16, 45

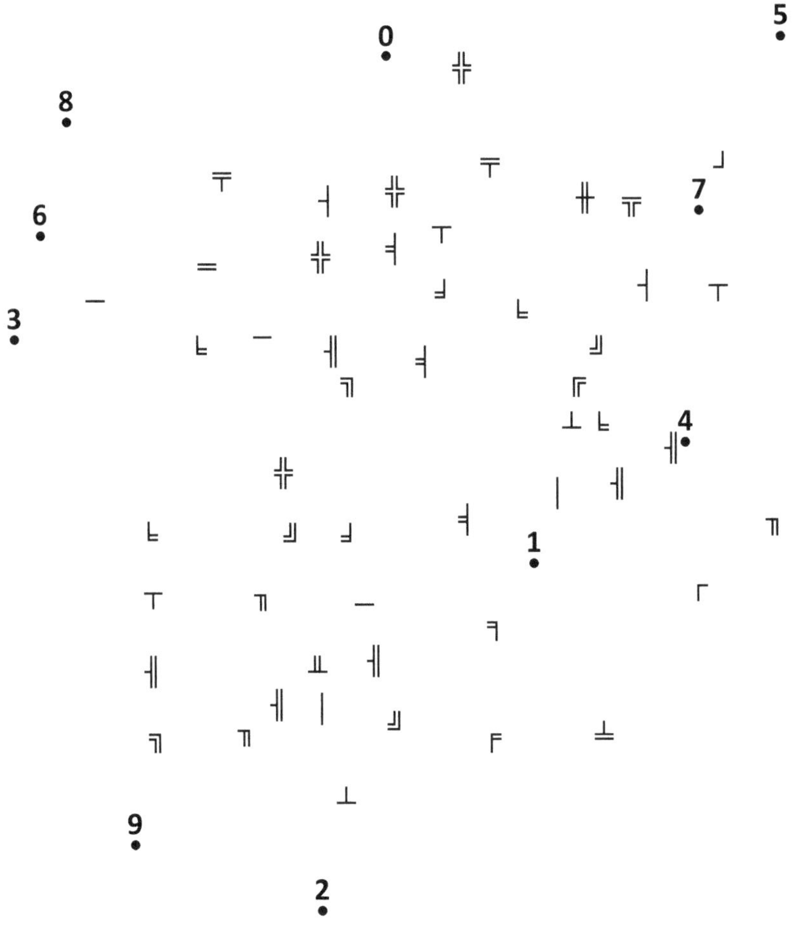

5

0

8

7

6

3

4

1

9

2

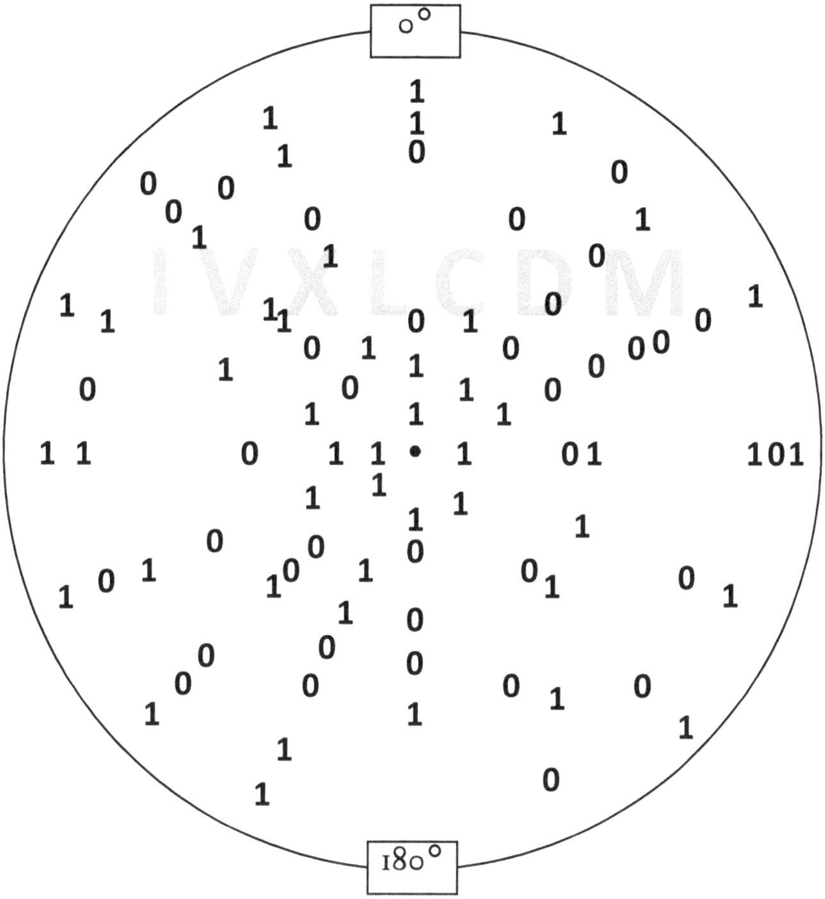

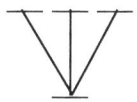

55

67

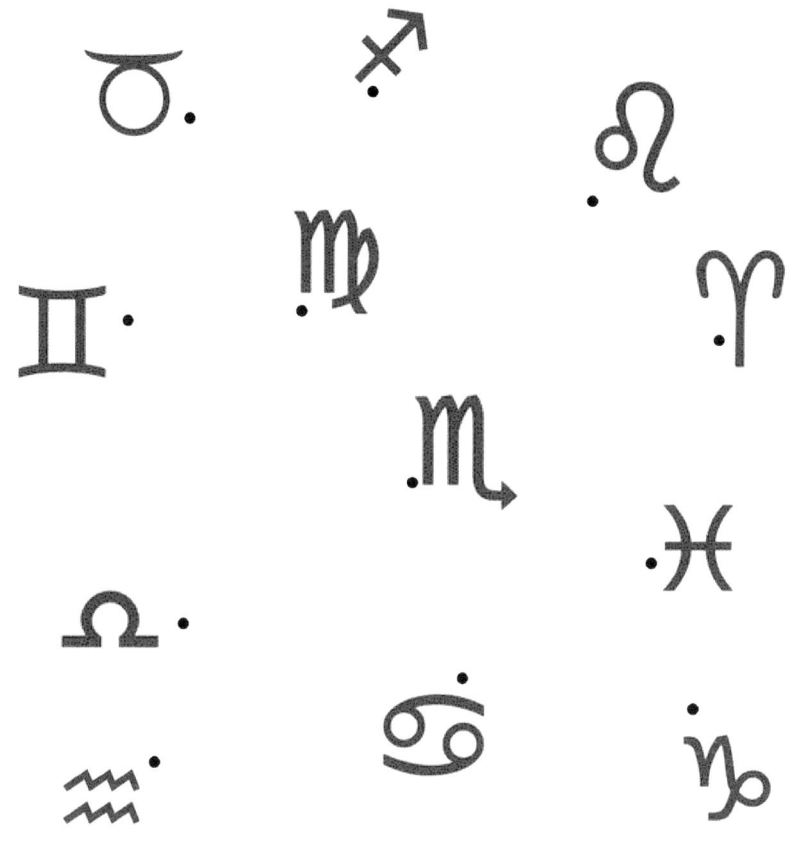

55	
67	

= 14

1. 2. 3. 4. 5. 6. 7.

5. x 4. = 12

2. < 5

5. - 2. + 4. – 3. = 6.

1., 2., 3., 4., 5., 6., 7. =

(3. x 5 – 3) / 2. = 3

3. + 1. = 2. + 7.

4. + 7. = 5

7. x 2. = 16

55	
68	

⌐⊢⊣⊩= 15

ı+ıı-ı7=ıo

ı7+ı7+ı7=ıı

╬ ≙ ___

ı+ı+ı+ı=ıo

ıı-ı7=ı+ı+ı

20

20

ı

2ı

24

ı7

ı5

ı6

3ı

ıo

8

8

4

8

6o 8

ı9 ı2

ı2

ıı

20

9

5

1

22

o

ı5

4ı

ı6

ı0

2

ı=2 ⊢; ⊣

3

20

29

2 2

5

56	
68	

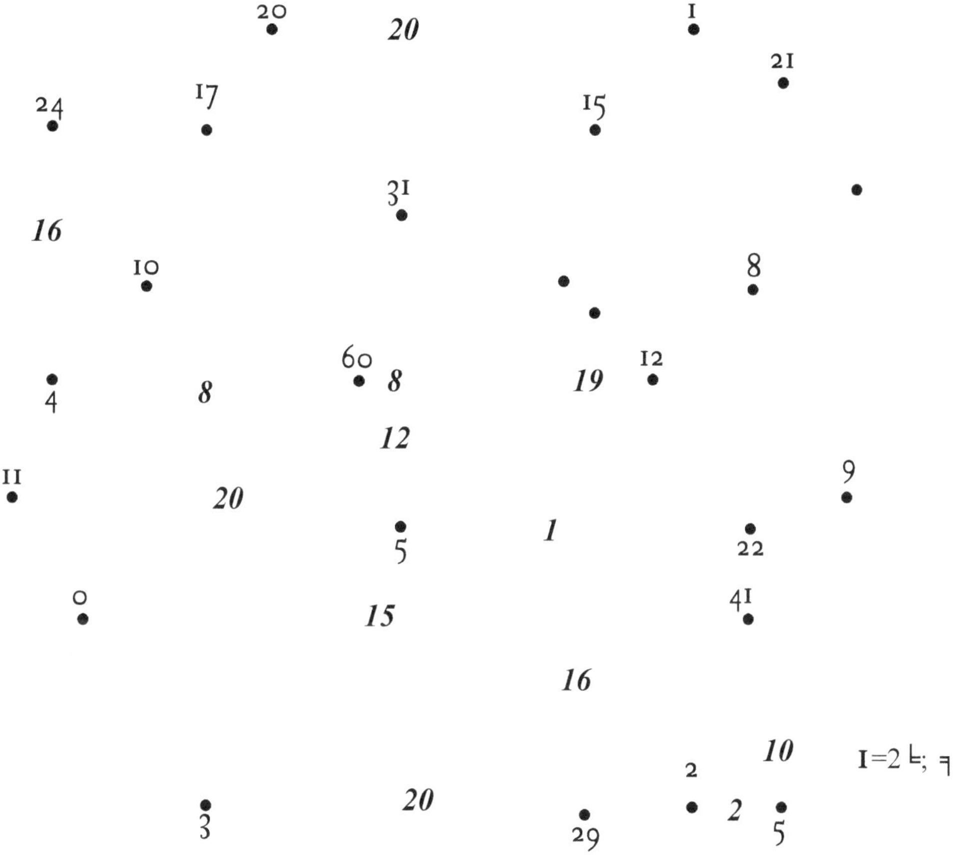

25

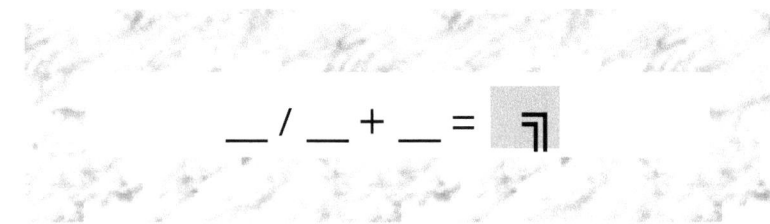

＿/ ＿ + ＿ = ⊐

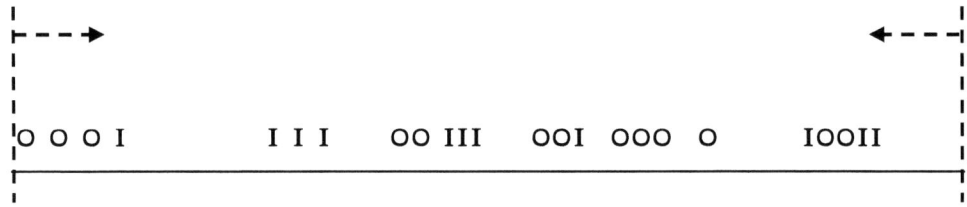

o o o I   I I I   OO III   OOI   OOO   O   IOOII

56	
68	

-1 , 1 , 2 , 1, 3 , 6 , 5 ___

2 , ___ , 5 , 7 , 11

0 , 0 , 3 , 1 , -2 , ___

4 , 2 , 7 , 6 , 2 , 1 , ___ , ___ , 1

(27)

(19)

(51)

(29)

(12)

0,1,2,3,4,5,6,7,8,9 ○
0,1,2,3,4,5,6,7,8,9 ○

56	
69	

ㅓㅠㅣㅖ = 18

1		4				
				3		

7	14	0	5	8	3	22	13	11	40
19	35	38	73	1	16	11	8	5	17
41	49	47	4	7	7	7	7	7	7
13	91	16	12	25	0	26	7	0	0
20	19	89	88	86	85	83	82	80	79
6	8	10	11	13	9	10	11	13	10
ㅋ	ㅔ	—	ㅗ	ㅜ	ㄴ	ㅖ	1	1	1
70	80	50	40	20	10	11	71	73	74
40	13	91	19	89	98	13	10	10	16
71	61	41	15	31	0	ㅋ	ㅖ	ㅜ	=

ㅏㅖ ㅏ ㄷ ㅔㅖ ㅠ ㅓ ㅖㅠ= ㅖ ㅓ ㅣ ㅓ ㅜㅖㄴ ㅏ ㅓㅖㅓㅕㄱㅗㅠㅖㄴ

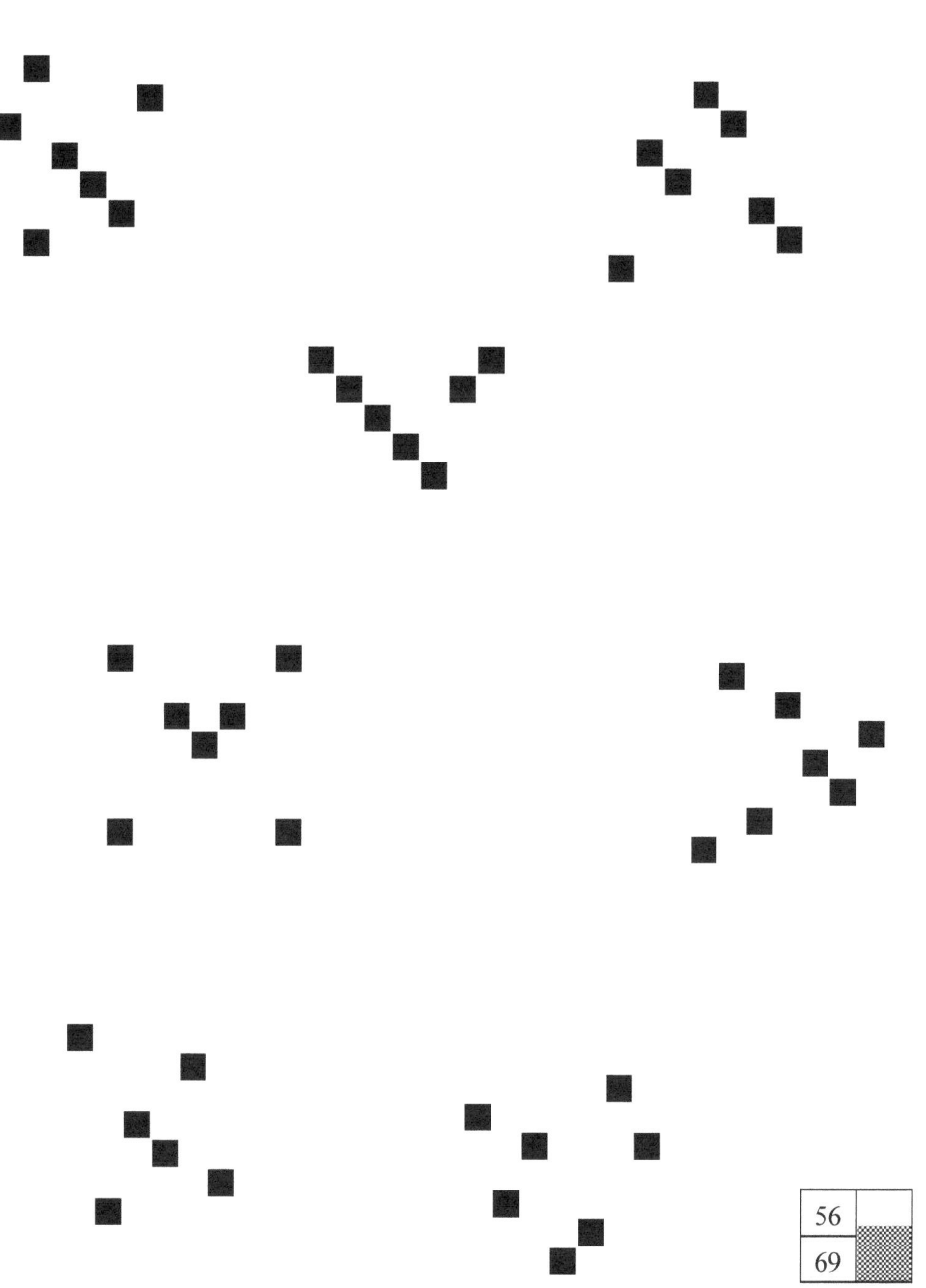

56	
69	

⌐||⊣|= 19

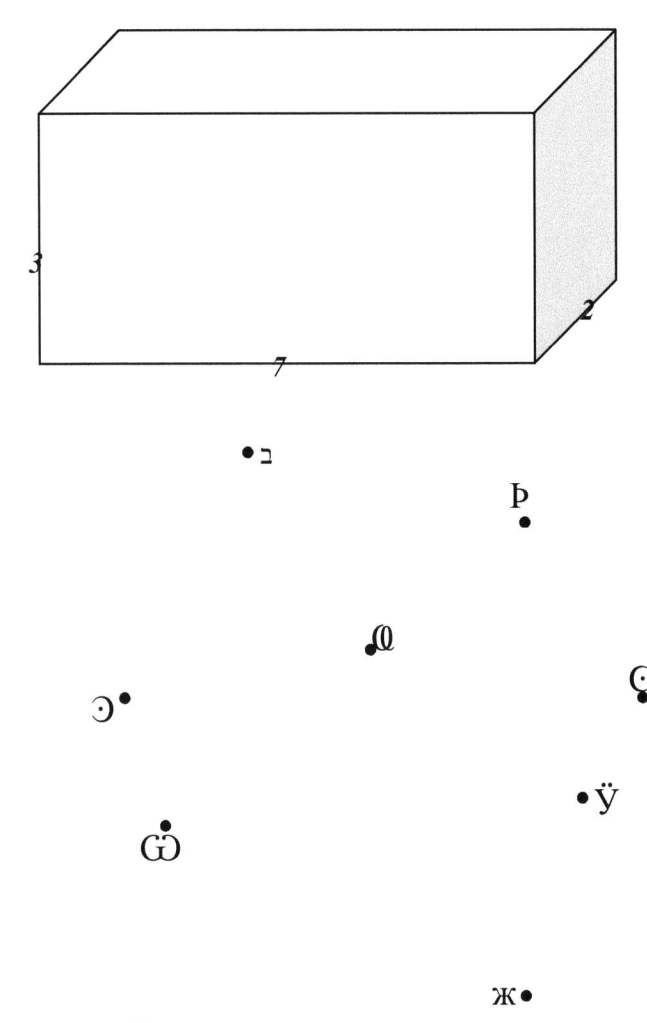

3

7

2

• ⌐

Þ
•

ϰ
•

• ℓ0

Ɔ •

ç

• ÿ

ω
•

θ
•

ж•

з

•

30

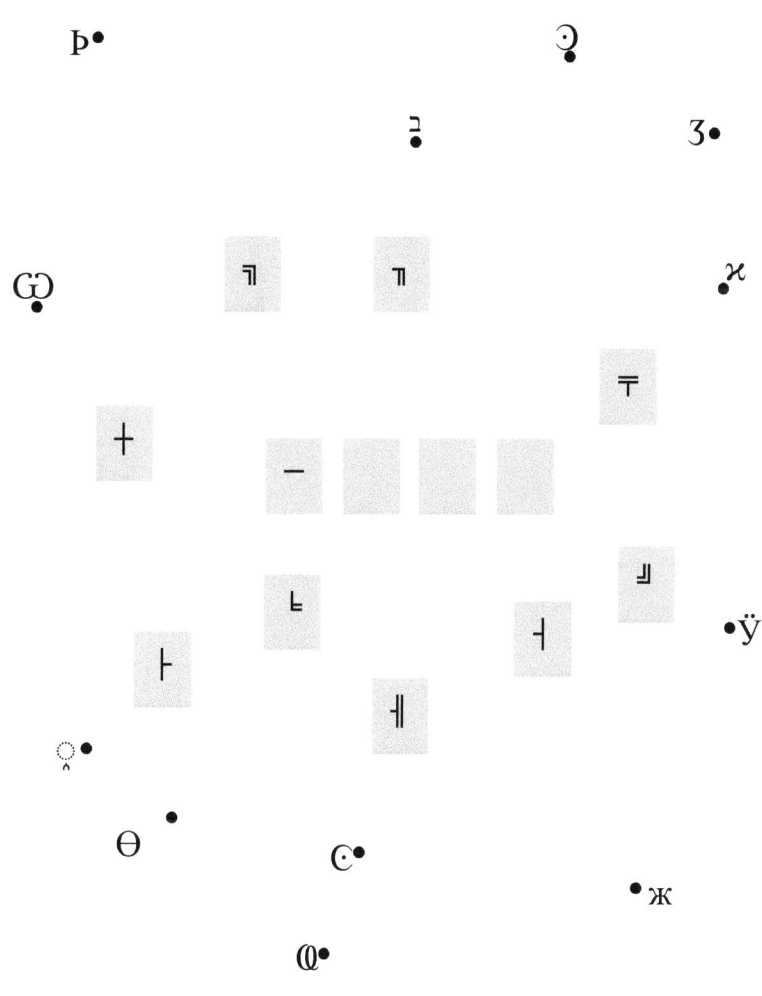

57
70

⌐⌐ ⊦⊦= **20**

 *400-800nm*

/ 2 + - + =

$14 + 07 - 11 + 03 = 13$

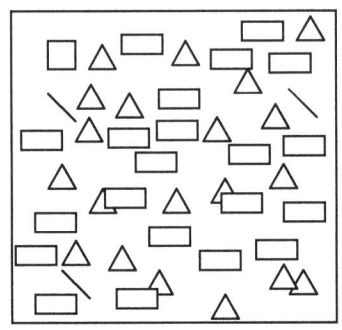

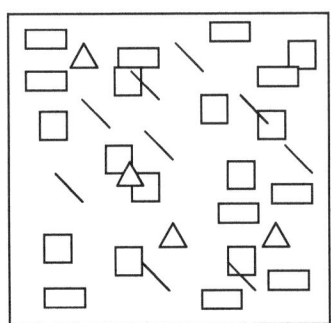

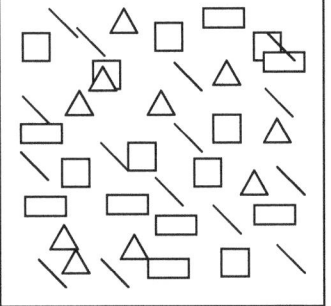

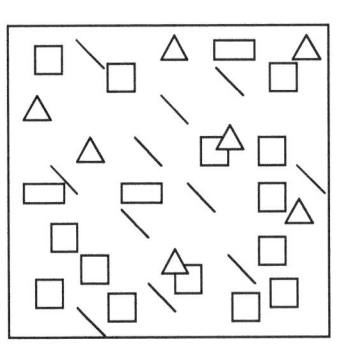

57	
71	

32

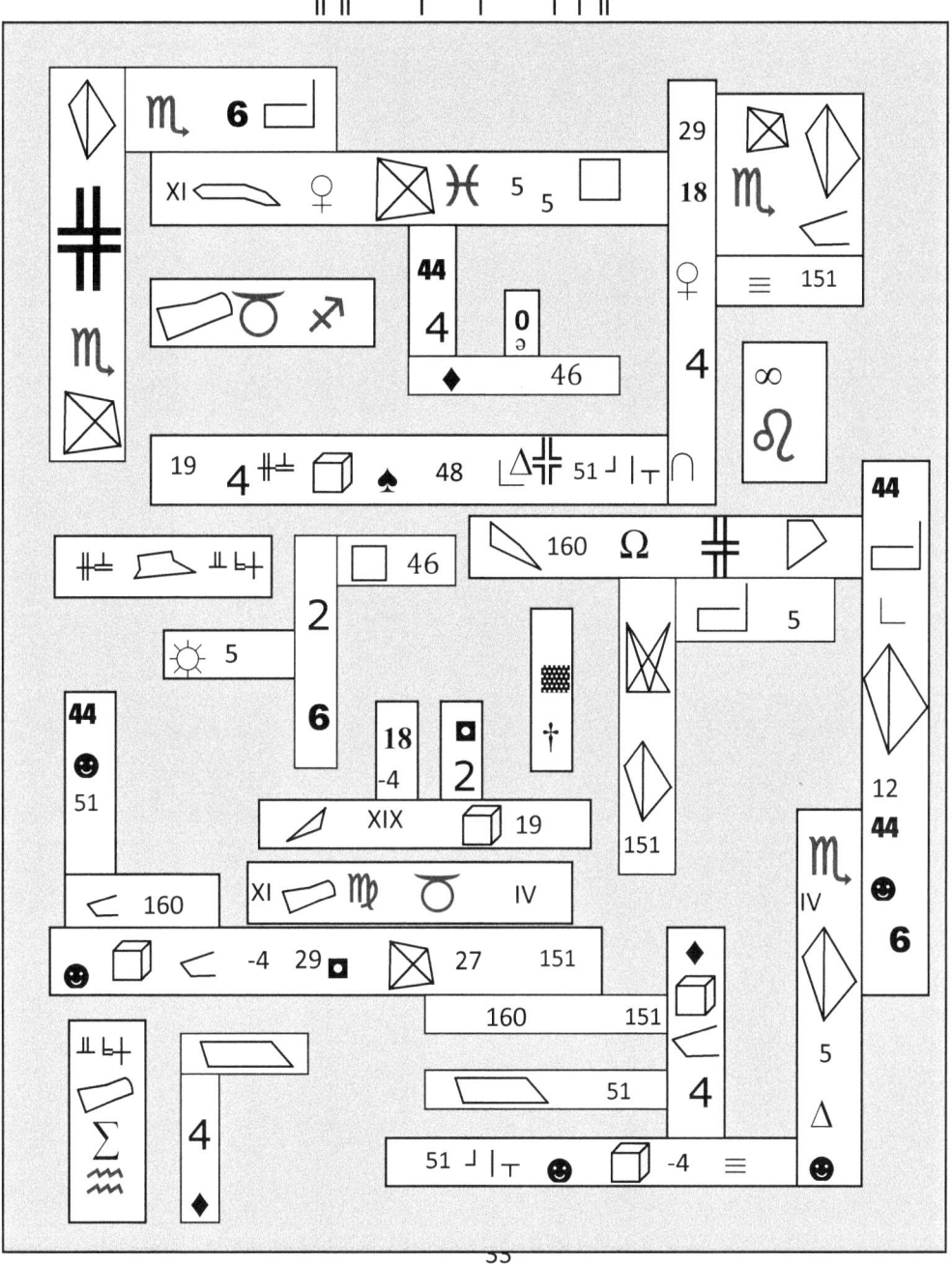

57	
71	

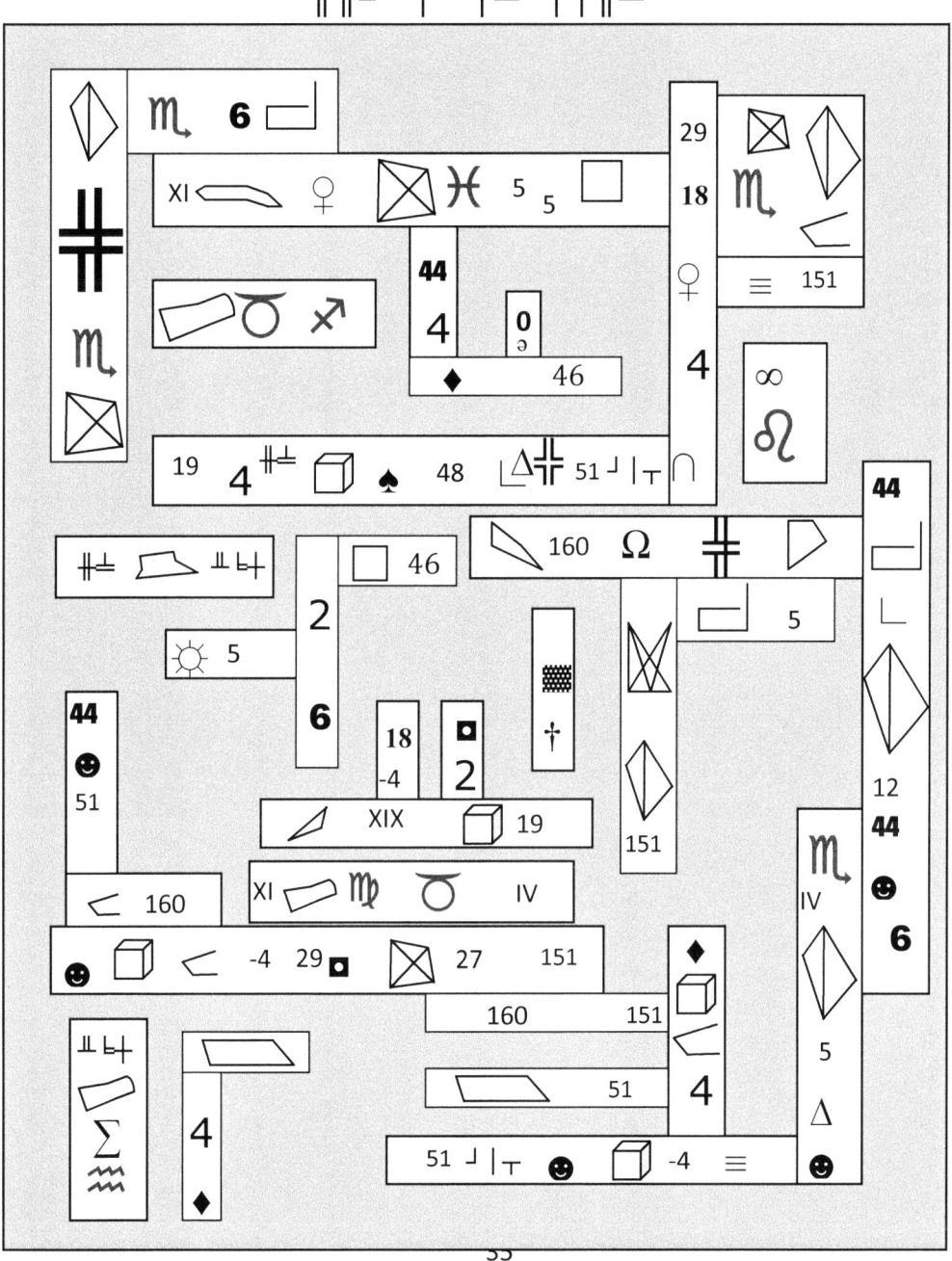

26

57

71

$$\text{♩} \text{π} | + | = 21$$

79		q
9I		ï
59		o
7I		Ç
89		℘
I3		Ñ
37		ö
47		Ã

57	
73	

= 22

	5
}	
Ç	I
Ñ	2
ö	3
ï	6
o	9
Ã	4
q	8

58
73

39

⌐╥|⊣╫= 23

4		$
6		!
9		)
3		/
8		=
I		§
5		?
2		(

π

θ

⌐ ┬ ┐

ω

μ

λ

δ

| 58 | |
| 73 | |

40°

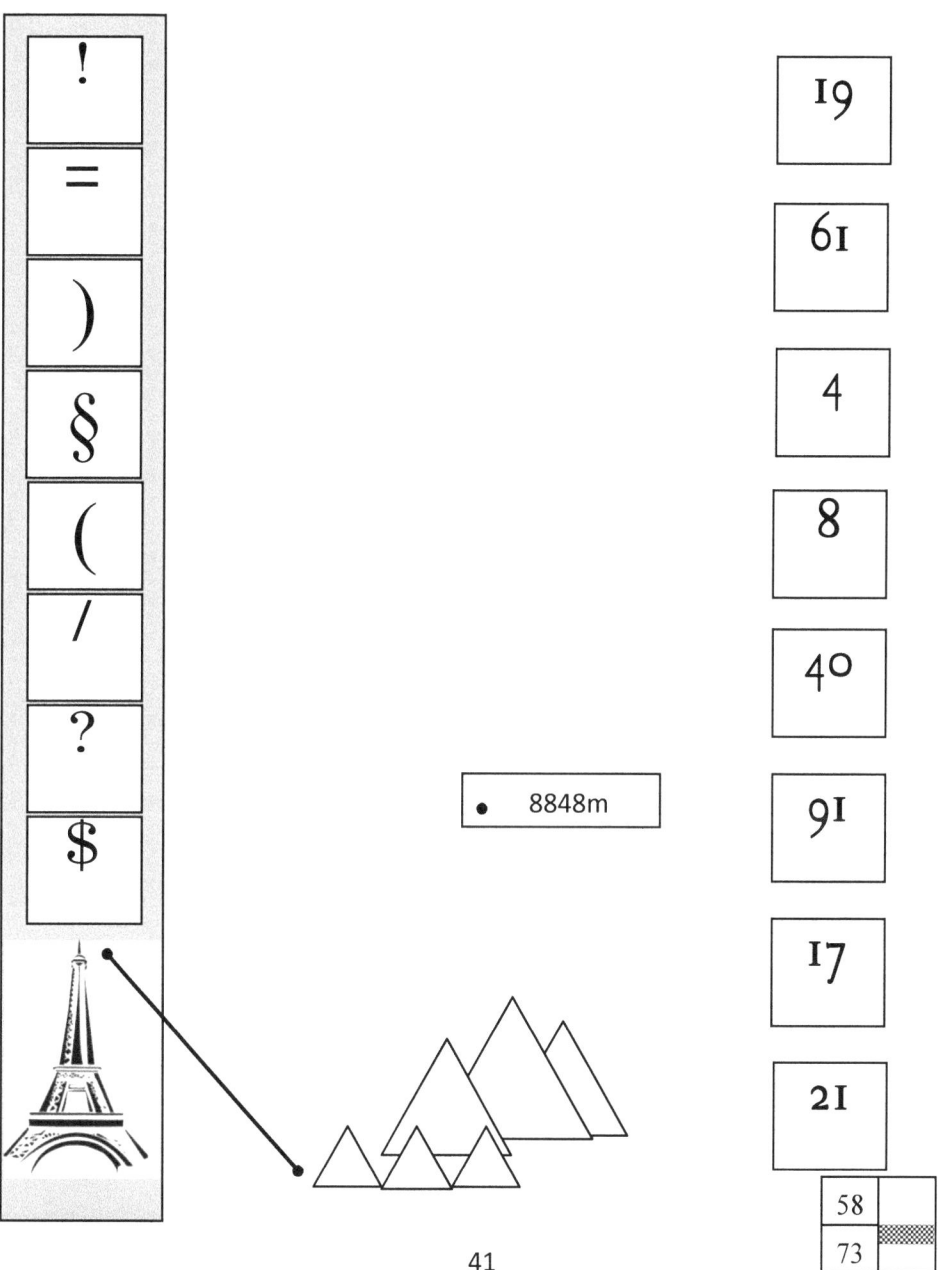

= 24

! =) § (/ ? $

19
61
4
8
40
91
17
21
58
73

● 8848m

41

40	V
91	H
4	G
21	M
19	L
8	C
61	I
17	Q

58	
73	

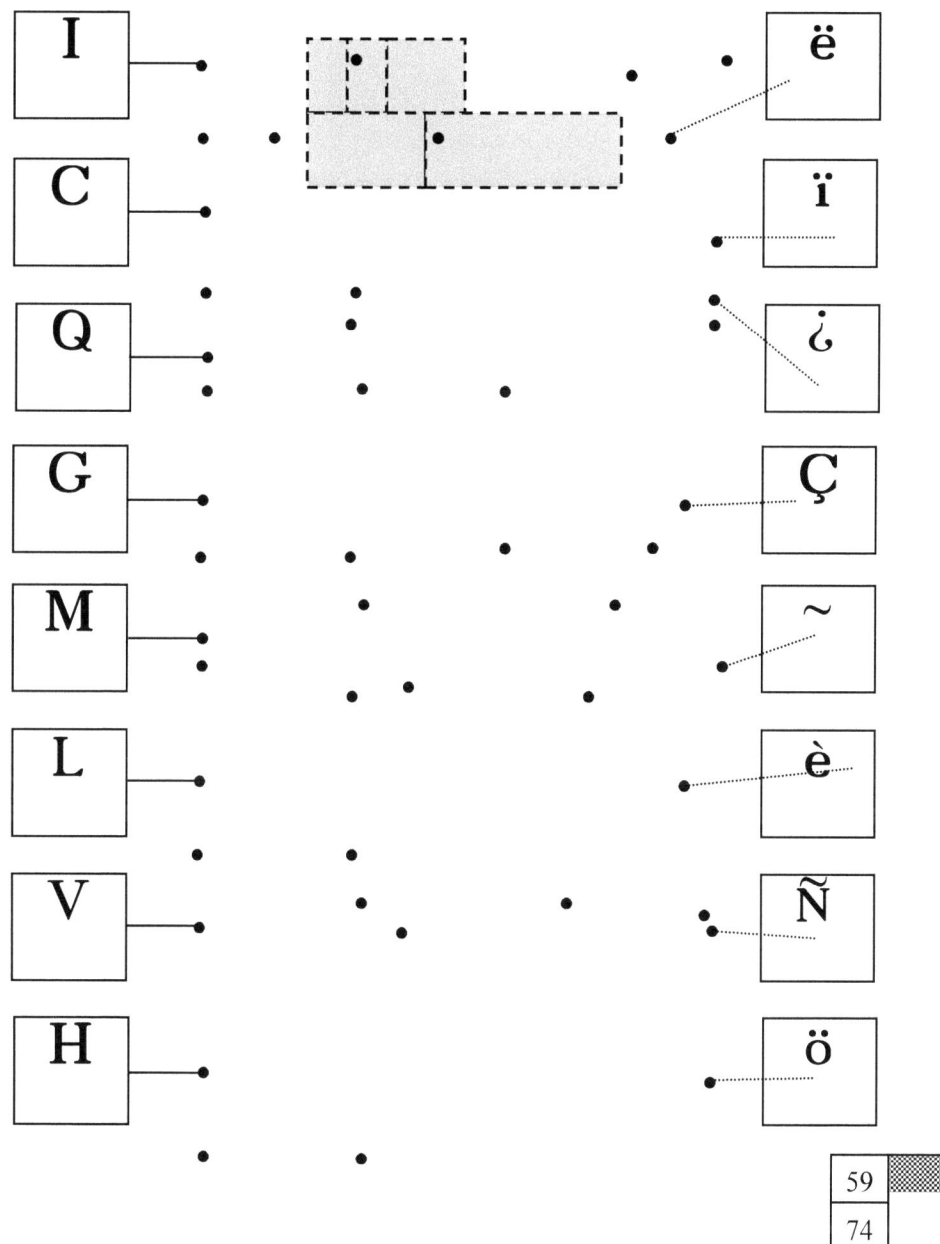

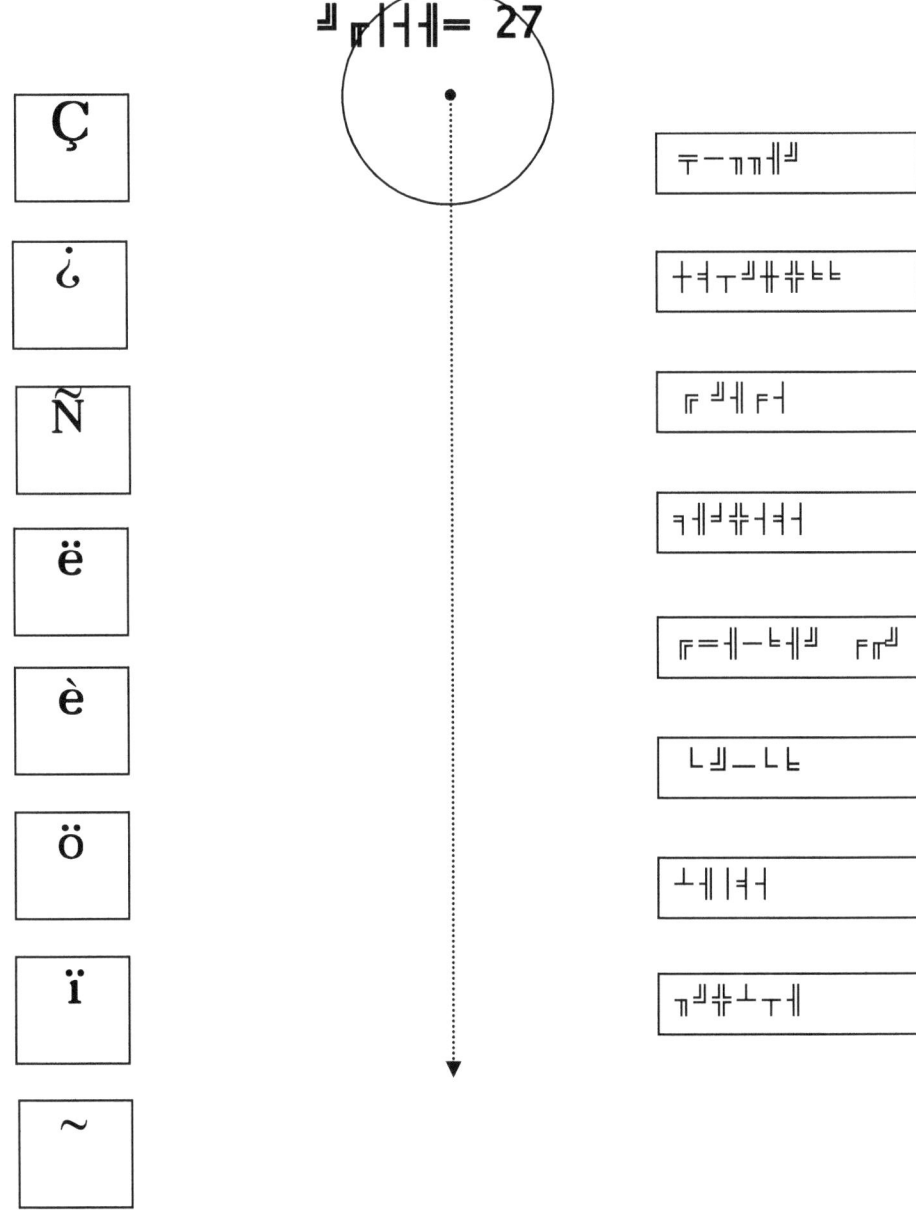

		1	4	2	
5		16	4	5	2
		8			
7	2	6	9	1	4
				10	4
6	1	▒	4	1	11

2	4	6		1	
20	3	5		81	26
			8	16	32
	5	1	5	3	26
6	7	6			
1	▒	6	7	8	

	3	5	1	1	20
2	11	5	1	3	4
3	6		24		
4	3	9		1	7
			1		
3	1	10	1	3	

59	
74	▓

$$= 28$$

59	
75	

⊒ ╓ ╎ ╫ = 29

59	
75	

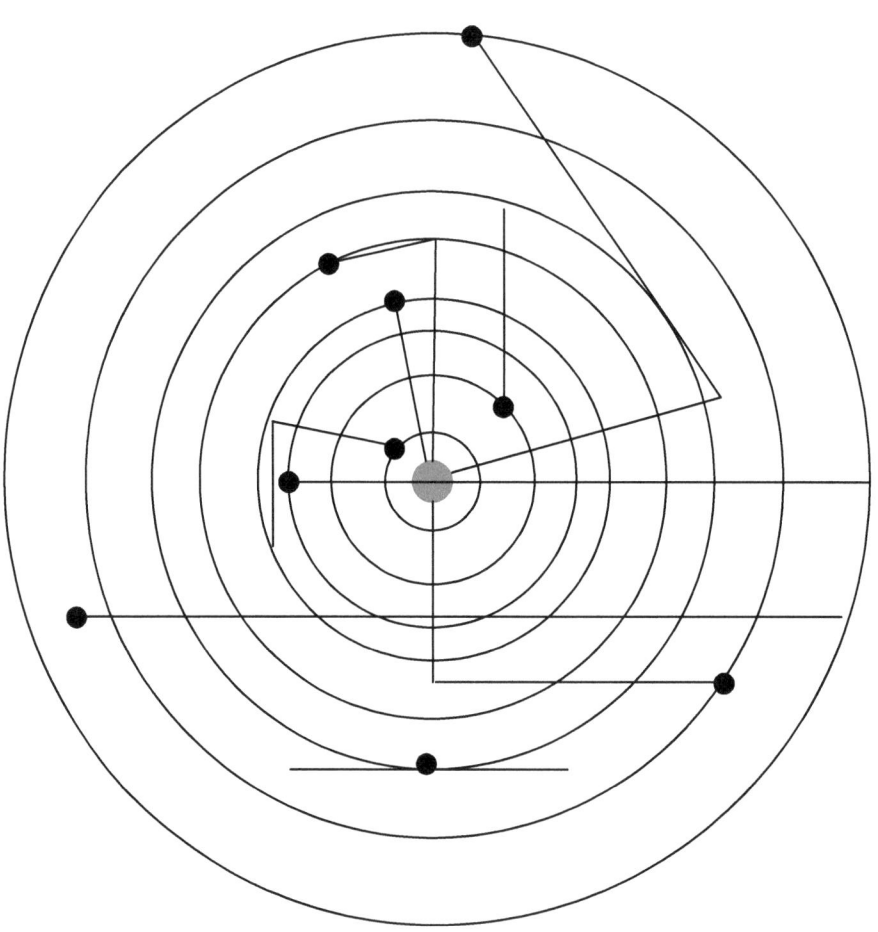

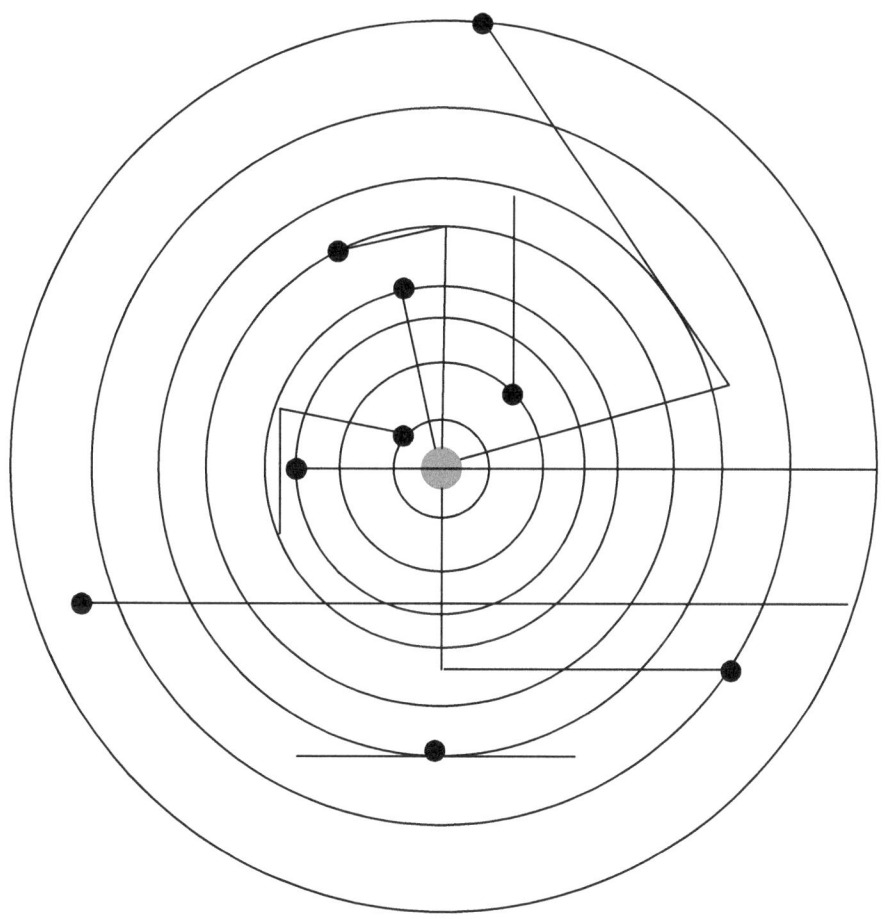

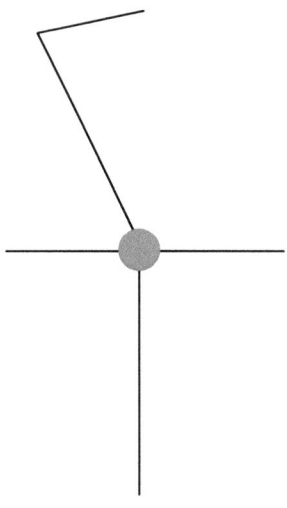

59	
76	

Hinweise zum Gebrauch der Tipps und Lösungen.

Zu jedem Rätsel gibt es Tipps zur Herangehensweise, eine Prüfung des Ergebnisses sowie eine umfassende Auflösung. Sollten Sie bei einer Aufgabe keine Idee oder keinen Ansatz haben, dann können Sie sich Tipps für den Lösungsweg zur Hilfe nehmen.

Außerdem bietet der Bereich der Tipps eine Lösungsprüfung. So testen Sie Ihr Ergebnis auf Richtigkeit ohne die Lösung zu kennen. Wenn Sie falsch liegen können Sie daher unvoreingenommen weiter knobeln. Wenn Ihre Lösungsprüfung stimmt sollten Sie trotzdem die Rätsellösung anschauen um Ihr Ergebnis abzugleichen. Aufgrund der Komplexität der Aufgaben können unter Umständen auch falsche Ergebnisse die Prüfung bestehen.
Die Auflösung der Rätsel wird separat aufgeführt.

Damit Sie nicht zufällig die Tipps oder Lösung anderer Rätsel sehen, finden Sie bei jedem Rätsel einen Hinweis auf die Seite der entsprechenden Tipps und Lösung.

5	▓▓▓	Diese Darstellung finden Sie bei jeder Aufgabe. Oben steht die Sei-
9		tenzahl der Tipps und unten die Seitenzahl der Lösung.

Da die Lösung oft auch Grafiken zeigt ist im rechten Teil der Darstellung ein Hinweis zur Lage der Lösung auf der jeweiligen Seite. So können Sie vorab die Lösungen anderer Rätsel abdecken um sich den Lösungsansatz nicht vorweg zu nehmen. Geht eine Lösung über zwei Seiten so verläuft der zweite Teil automatisch oben auf der Folgeseite weiter. Hierfür gibt es keinen zusätzlichen Hinweis. Decken Sie daher die Folgeseite komplett ab und lesen Sie schrittweise von oben nach unten.

Verwenden Sie die Tipps und Lösungen nur im Notfall. Manchmal hilft es erst einmal eine Aufgabe zu überspringen. Andere Rätsel zeigen andere Sichtweisen und können somit auch indirekt auf die Sprünge helfen. Außerdem können auch Aufgaben miteinander verflochten sein, sodass erst ein anderes Rätsel gelöst werden muss. Dann gilt es den Hinweis darauf zu finden.

Tipps

1. Um die Texte zu entschlüsseln beginne mit dem Titel des Buches.
2. Die ISBN hilft Dir dabei.
3. Jeder Buchstabe hat ein Symbol.
4. Mach Dir eine Liste und übersetze das Buch.

Titel:

das größte Rätsel deines Lebens – der besondere Rätselspaß für Erwachsene, Querdenker und Detektive

Text auf Seite 1:

Lese zuerst den Gebrauch der Hilfe auf Seite 51.

Zeichen und Symbole werden nicht gedreht.

Zuerst musst Du den Code „der Schlüssel" dechiffrieren. Löse die Rätsel bis 20.

Die nächsten Rätsel bilden eine Kette. Zieh beim ersten dieser Rätsel eine diagonale Linie von der Zahl nach rechts und zwei Felder tiefer.

Löse danach die letzten Rätsel.

Entdecke das Element der Chemie.

Rätsel 1
1. Die richtige Zahl ist zu sehen.
2. 13 = 1101
3. Die Linie beginnt bei der Eins…
4. …,verläuft bis zur Acht und darüber hinaus.
5. Nutze den richtigen Binärcode.
6. In Verlängerung siehst Du das Symbol für den letzten Schritt.
7. Verbinde die Buchstaben des Planeten.
Prüfung: Die richtige Figur ist dreimal vorhanden.

Rätsel 2
1. Das linke Feld zeigt die Regeln.
2. Stell Dir vor: Die fett gedruckten Zahlen sind Türme mit verschiedenen Höhen.
3. Wie viele Türme siehst Du dann vom Rand aus?
4. Nur die Dreien sind wichtig.
5. Der letzte Buchstabe im griechischen Alphabet.
6. Vervollständige das Symbol.
7. LII = 52.
Prüfung: Die richtige Zahl ist viermal vorhanden.

Rätsel 3
1. XXO: Gewinner ist der Spieler mit drei in einer Reihe - waagerecht, senkrecht oder diagonal
2. Wer ist am Zug und welcher Zug muss getan werden?
3. Das „X" markiert die Lösung.
4. Bedenke! Nur ein Feld rettet vor der Niederlage.
5. Löse das Sudoku.
6. Das richtige Symbol markiert vier Zahlen.
7. Verteile die vier Primzahlen weise.
8. Nur der Divisor darf keine Null sein.
9. Viele Wege führen zum gleichen Ziel.
Prüfung: Die richtige Zahl ist einmal vorhanden.

Rätsel 4
1. Arbeite sorgfältig und verlasse die Gewohnheit.
2. Rätsel? – Lese genau!
3. Vervollständige die Zeichnung an der fehlenden Seite.
4. Fünf Felder zeigen fünf Elemente …
5. … der Formel.
6. Löse das Gleichungssystem und kürze weg.
Prüfung: Die richtige Zahl ist dreimal vorhanden.

Rätsel 5
1. ___° nördliche Breite | ___° östliche Länge
2. Der Umriss eines Landes im Norden.
3. Finde den richtigen Platz des Mondes.
4. Der Mond zeigt eine Verbindung…
5. … mit Elementen für dieses Rätsel.
6. Suche im Buch nach dem Symbol.
7. Übernehme die Punkte der Lösung.
8. Du siehst die Eckpunkte der Lösung.
Prüfung: Das richtige Symbol ist fünfmal vorhanden.

Rätsel 6
1. 24/15=1,6 :/ aber besser: 24/12=2 ☺.
2. Verlänger den kleinen und den großen Zeiger und Dein nächster Schritt ist erkannt.
3. Der Pfeil zeigt die Richtung von Vergangenem und Zukunft.
4. Auf welche Füllung deutet denn das Muster?
5. Zwei Felder für zwei Lösungszahlen.
6. Der Binärcode zeigt eine Lösungszahl.
7. Ein Symbol zeigt was mit den grauen Feldern passiert.
8. Ein senkrechter Spiegel ist des Rätsels Lösung.
Prüfung: Die richtige Figur ist dreimal vorhanden.

Rätsel 7
1. Ein auffälliger Himmelskörper liefert den ersten Schritt.
2. Verbinde vier Buchstaben.
3. Füge zwei Teile zusammen.
4. Nur eines der zwölf Symbole ist die Lösung.
5. Steinbock, Krebs, Wassermann, Jungfrau…
6. Finde das richtige Sternzeichen...
7. …durch Vervollständigung des Sternbildes.
Prüfung: Die richtige Figur ist viermal vorhanden.

Rätsel 8
1. Schreibe den richtigen Satz in das Feld.
2. Der Rahmen verrät etwas.
3. Suche den Satz und den Rahmen im Buch.
4. Das Periodensystem der Elemente hilft Dir weiter.
5. Die beiden richtigen Felder der Schablone zeigen die richtigen Teile.
6. Setze das Zeichen zusammen.
Prüfung: Die Figur ist zweimal vorhanden.

Rätsel 9
1. Sortier die Buchstaben.
2. Verbundenes bleibt verbunden
3. 1=1 / 0=0
4. Du bildest senkrechte Linien.
5. Löse den Binärcode auf.
6. Verwende die vierstellige Zahl auf die vier Achtecke.
7. Nur das erste Achteck zeigt nur einen Buchstaben.
8. Die Lösung hat sieben Buchstaben und auf Anhieb ist sie nicht zu lesen.
Prüfung: Die richtige Figur ist zweimal vorhanden.

Rätsel 10
1. Ein Punkt auf einer zweidimensionalen Fläche benötigt zwei Koordinaten.
2. x-Achse / y-Achse
3. Verteile die Skalierung. Die Punkte helfen dabei.
4. Irgendwo im Buch findest Du den nächsten Schritt.
5. Die erste Seite hilft Dir weiter.
6. Mischwesen: _ _ _ _ _ _ _
7. Welche Lösungszahl erkennst Du?
Prüfung: Die richtige Zahl ist fünfmal vorhanden.

Rätsel 11
1. Finde alle zwölf Paare.
2. Verbinde die Paare mit einer geraden Linie.
3. Die Linie kann auch durch andere Punkte gehen.
4. Das ist noch nicht die Lösungsfigur.
5. Setze den Namen der dreidimensionalen Figur ein.
6. Vereine drei Symbole zu einem Zeichen.
Prüfung: Das richtige Symbol ist zweimal vorhanden.

Rätsel 12
1. Faktor x Faktor = Produkt
2. Verbinden drei Faktorenpaare.
3. Finde die beiden Wörter für den nächsten Schritt.
4. Zwei Buchstabengruppen für zwei Wörter.
5. Die Lösungszahl muss mit drei Zeichen dargestellt werden.
6. Verwende die römischen Zahlen original.
7. Vereine alle drei Buchstaben zu einem Symbol.
Prüfung: Das richtige Symbol ist einmal vorhanden.

Rätsel 13
1. Finde die richtigen Sternzeichen.
2. Das Symbol in der Mitte weist Dir den Weg.
3. Suche im Buch.
4. Schau auf das Cover.
5. Vier Kreise für vier Sternzeichen.
6. Verbinde die richtigen Sternzeichen.
7. Zeichne sechs Linien.
8. Verbinde jedes mit jedem Symbol.
Prüfung: Das richtige Symbol ist viermal vorhanden.

Rätsel 14
1. natürliche Zahlen
2. Finde sieben Ziffern.
3. Beginne mit der vierten, siebenten und zweiten Ziffer.
4. Teile die Strecke richtig ein...
5. …und nutze die Zahlen.
6. Sortiere die Buchstaben.
7. Welcher bekannte Körper wird beschrieben?
Prüfung: Das richtige Symbol ist fünfmal vorhanden.

Rätsel 15
1. Finde die Hinweise zur Variablen eins.
2. Es gibt nur eine gerade Primzahl.
3. Die Zahlen haben andere Werte.
4. Ordne den Zahlen ihre Werte zu.
5. Die Lösung ist geometrisch.
6. Du kannst die Längen der Seiten lesen.
7. A=ab
Prüfung: Die richtige Zahl ist dreimal vorhanden.

Rätsel 16
1. Finde den richtigen Schnitt.
2. Au 79 ist eine Angabe der Chemie.
3. Berechne den goldenen Schnitt.
4. Verschiebe beide Pfeile sinnvoll…
5. … denn der goldene Schnitt kann von jeder Seite abgetragen werden.
6. Setze die Lösungszahlen sinnvoll ein.
7. „Z" steht für die Menge der ganzen Zahlen.
8. Errechne die Lösungszahl.
Prüfung: Die richtige Zahl ist zweimal vorhanden.

Rätsel 17
1. Vollende die Zahlenfolgen.
2. Bei den beiden letzten Folgen musst Du probieren.
3. Bei mind. einer Stelle in jeder Folge muss wieder der erste Schritt der Bildungsgesetze eintreten.
4. Eine Reihe stellt eine besondere Art von Zahlen dar.
5. Zwei Zahlenfolgen ergeben sich aus drei wiederkehrenden Schritten.
6. Für die Kreise benötigst Du alle Lösungszahlen.
7. Die Zahlen der Lösung sind fett gezeichnet.
8. Eine Kreissammlung ist richtig.
9. Zähle von innen nach außen.
Prüfung: Die richtige Zahl ist viermal vorhanden.

Rätsel 18
1. Finde eine gelöste Variante des Spiels um die Regeln zu verstehen.
2. Manche Nachbarn haben eine Differenz von eins.
3. Das richtige Muster hat eine Abmessung von 7x7.
4. Lege das richtige Muster über das Spiel der Logik.
5. Das richtige Muster selektiert eine Zahl.
5. Finde die Vielfachen der Zahl.
6. Zeichne die richtigen Linien.
7. Verbinde die Vielfachen der Größe nach.
Prüfung: Die richtige Zahl ist fünfmal vorhanden.

Rätsel 19
1. Finde einen Hinweis im Buch.
2. Das Volumen stellt die Verbindung her.
3. Suche drei Paare die zu den Linien passen.
4. Suche drei Paare mit den sichtbaren Merkmalen.
5. Die Zeichen dieser Punkte brauchst Du.
5. Die Zeichen zeigen die richtigen Buchstaben.
6. Sortiere die Buchstaben.
Prüfung: Die richtige Zahl ist zweimal vorhanden.

Rätsel 20
1. Vier Variablen und vier Zeichensammlungen.
2. Welches Symbol steht für welche Zahl?
3. Sortiere die Zahlen für die Lösungsaufgabe richtig.
4. Schau im Buch auf den richtigen Seiten.
5. Beachte das sichtbare elektromagnetische Wellenspektrum (400-800nm).
5. Schreibe die Seitenzahlen in der richtigen Reihenfolge in die Aufgabe…
6. …und beachte dabei die Wellenlänge der Farbe.
Prüfung: Die richtige Zahl ist zweimal vorhanden.

Code: der Schlüssel
1. Schneide die richtigen Felder auf der Schablone aus.
2. Die Felder mit den Zahlen und Zeichen der Rätsel werden Dir helfen.
3. Nur Felder mit den Lösungssymbolen werden gebraucht.
4. Sortiere die Worte richtig und Du wirst zwei Sätze lesen können.
5. „Finde die richtige Primzahl. Sie wird Dir den Weg weisen."
6. Schau Dir Deine Schablone genau an.
7. Es sind bekannte Symbole zu erkennen.
8. Symbole welche für Buchstaben stehen.
9. Römische Zahlen sind Buchstaben.
10. Es gibt nur eine Primzahl mit diesen römischen Zahlen.
Prüfung: Die richtige Zahl hat die Quersumme 17.

Rätsel 21
1. Starte beim richtigen Symbol...
2. …und ende beim richtigen Symbol.
3. Das Buch verrät den Weg.
4. Lese die Erläuterungen genau durch.
5. Was zu tun ist steht geschrieben.
5. Seite eins sagt es ganz klar.
Prüfung: Die Verbindung der beiden Felder geht durch einen Kreis.

Rätsel 22
1. Vier Buchstaben und vier Richtungen.
2. Ein Buchstabe ist ein Feld.
3. Nur eine Dimension ist wichtig.
4. zweimal links und einmal rechts ist einmal links.
5. Nur die Richtungen oben und unten sind wichtig.
Prüfung: Halbiert man das Dreifache der Lösung dann erhält man die Zahl unter der Lösung.

Rätsel 23
1. Griechische Buchstaben in Wort und Schrift.
2. Eine Hilfslinie musst Du zeichnen…
3. ..indem Du das passende Paar verbindest.
4. Die richtige Lösung zeigt eindeutig auf ein Feld.
5. Von der Linie muss noch etwas abgetragen werden.
6. Finde den richtigen Winkel
7. __° muss gesucht werden.
8. Beachte die Seitenzahl.
Prüfung: Das Symbol des Lösungsfeldes und das Symbol darüber befinden sich bei einer Tastatur auf Zahlenfeldern mit der Summe sieben.

Rätsel 24
1. Paris
2. Pyramiden von Gizeh
3. 8848 Hm.
4. Mount Everest
5. Du brauchst einen Atlas...
6. …und einen Winkelmesser.
7. Paris ist der Ausgangspunkt.
8. Die fehlende Linie ist die Lösung.
Prüfung: Die Quersumme des Quadrates ist zehn.

Rätsel 25
1. Eine eindeutige Linie benötigt zwei Punkte…
2. … und muss ein sinnvolles Ziel haben.
3. Die Lösung ist einfacher als es aussieht.
4. Zwei Zeichen und zwei Punkte müssen auf einer Linie liegen.
Prüfung: Vier ist die Quersumme der nummerischen Position im Alphabet.

Rätsel 26
1. Verstehe den geometrischen Hinweis.
2. Die Rechtecke zeigen eine bestimmte Zahlenfolge an.
3. Fibonacci
4. Im Buch gibt es einen Hinweis für das Rätsel 26.
5. Seite 36 hilft Dir weiter.
6. Trage an jedem Punkt einen bestimmten Winkel ab.
7. Ausschließlich rechte Winkel wirst Du brauchen.
Prüfung: Zähle die Position der Lösung von oben ab. Nimm den Buchstaben der gleichen Position aus der linken Spalte. Addiere den numerischen Wert des Buchstaben im Alphabet mit der abgezählten Zahl des Lösungsfeldes und das Ergebnis ist 29.

Rätsel 27
1. Löse zuerst die drei Zahlenblöcke.
2. Alle Blöcke gehorchen den gleichen Regeln.
3. Beginne mit den Diagonalen von links oben.
4. Denke an eine Uhr wie es der Hinweis sagt.
5. Zeichne Zeiger in die Uhr.
6. Verschiebe die Uhr weise.
7. Die Zeiger deuten auf die Symbole.
Prüfung: Die Summe der Buchstaben ist 71.

Rätsel 28
1. Zeichne das Sternbild.
2. Orientiere Dich an den Namen.
3. Rigel liegt im Sternbild des Orion.
4. Zwei Sternzeichen sind markiert.
Prüfung: Beide Lösungssymbole haben zusammen zwölf Buchstaben.

Rätsel 29
1. Ziehe zwei Linien aus dem Zentrum.
2. Jede Linie zeigt ein bekanntes und ein neues Symbol.
3. Finde zwei Planeten.
Prüfung: Beide Planeten haben zusammen elf Buchstaben.

Rätsel 30 (das letzte Rätsel)
1. Eine geometrische Lösung musst Du finden.
2. Verbinde zwei Punkte mit dem Zentrum.
3. Du brauchst alle Linien für den zweiten Schritt.
4. Linien sind wie Wellen…
5. …Treffen zwei aufeinander dann löschen Sie sich aus.
6. Übertrage die Linien und orientiere Dich am Zentrum.
7. Wenn sich zwei Linien auslöschen, dann ist die dritte wieder da.
3. Du siehst zwei Symbole für Buchstaben.
Prüfung: Die Summe des ersten und letzten Buchstaben ist 32.

Lösungen

Zuerst müssen Sie die Texte entschlüsseln. Diese Aufgabe ist am umfangreichsten. Beginnen Sie mit dem Buch- und dem Untertitel. Diese können Sie leicht mit der ISBN recherchieren. Dadurch sind Ihnen einige Symbole der Buchstaben bekannt. Den Rest müssen Sie sich erarbeiten und schlussfolgern. In der Lösung erhalten Sie eine Übersicht der Buchstaben und den entsprechenden Symbolen.

A	╬
B	╞
C	╧
D	╕
E	╡
F	╪
G	╝
H	╤
I	─
J	╥
K	╔
L	═
M	╫
N	╚
O	╙
P	╕
Q	╥
R	╜
S	╛
T	│
U	╪
V	╟
W	╦
X	
Y	╜
Z	╝
ß	╧
Ä	
Ö	╠
Ü	╝

Rätsel 1

1. Im ersten Teil erarbeiten Sie sich den Text:

Die ersten 20 Rätsel verweisen auf 20 Zahlen und Symbole. Damit kannst Du den Code lösen. Du kannst ein Rätsel nicht lösen? Versuch es später! Manche Aufgaben können nicht gleich gelöst werden. Manche Hinweise findest Du irgendwo im Buch. Bedenke! Das Buch ist ein großes Rätsel. Nur im Bereich der Tipps und Lösungen findest Du keine versteckten Hinweise. Versteckte Hinweise im Buch werden niemals mehrfach verwendet. Die einzelnen Rätsel bestehen aus mehreren Schritten. Dieser erste Schritt verrät Dir eine Zahl. Mit der richtigen Zahl wirst Du die richtige Linie zeichnen und schließlich das Symbol für den Code entdecken.

Die Seitenzahl stimmt nicht mit der Reihenfolge überein. Somit ist zehn die gesuchte Zahl.

2.

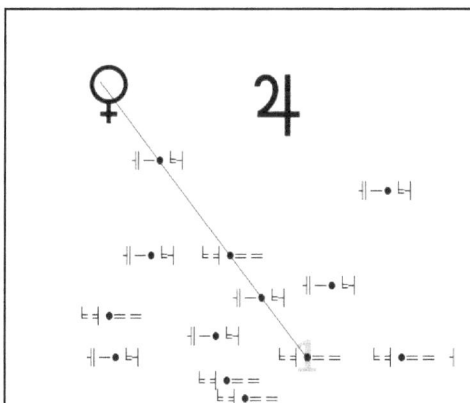

Gegeben sind die Worte Eins und Null. Der Binärcode für die Zahl zehn lautet: 1010. Weiterhin wissen Sie aus dem ersten Teil, dass eine Linie zu ziehen ist. Die Eins im Zentrum verweist als erste Stelle des Binärcodes auf den Beginn der Linie. Da an Position der Eins die Null des Codes steht, ist eine falsche Richtung der Linie auszuschließen. Ziehen Sie nun eine Linie der Art, dass der Binärdcode in der richtigen Reihenfolge auf dieser Linie steht. In Verlängerung dieser Linie befindet sich das gesuchte Symbol für den letzten Teil des Rätsels. Es ist das Symbol des Planeten Venus. Die Darstellung der Erde lässt den Lösungsbereich der Planeten vermuten.

3.

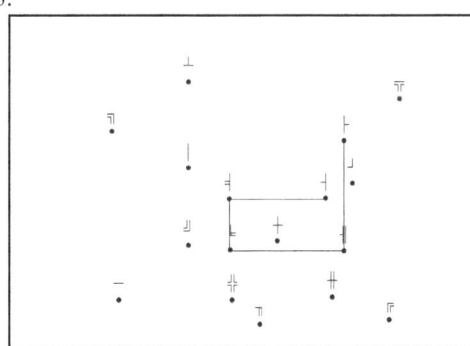

Finden Sie nun die Symbole des Wortes Venus. Verbinden Sie diese in der geschriebenen Reihenfolge und Sie erhalten das erste Symbol für den Code. Markieren Sie die Symbole auf der Dechiffrierschablone. Die Lösungsprüfung bezieht sich auf die Schablone. Das Symbol ist dreimal vorhanden.

Rätsel 2

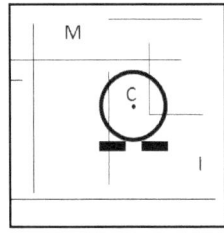

Das Zahlenrätsel nennt sich „Towers". Die Zahlen im Spielfeld stehen für die Türme mit entsprechender Höhe. Die vorgegebenen Randziffern geben an wie viele Türme von dieser Position in senkrechter oder waagerechter Richtung zu sehen sind. Diese Regeln müssen aus dem gegebenen Feld geschlossen werden. Nach der Lösung des rechten Feldes notieren Sie alle Buchstabensymbole der drei. Dies lässt sich aus dem Hinweis 3-3-3-3 schließen. Ordnen Sie die Buchstaben richtig und Sie erhalten das Wort „Omega".

Das Symbol für Omega ist: Ω. Vereinfacht muss also ein Kreis gesetzt werden, da die beiden „Füße" in der Grafik bereits gegeben sind. Als Hilfsmittel erkennen Sie den schwarzen Punkt, der Mittelpunkt des Kreises. Das Zeichen Omega besteht eigentlichen aus einer schwachen Ellipse, jedoch ist dies für die Lösung nebensächlich. Die richtige Zahl finden Sie im Inneren des Kreises. Ein „C" ist direkt vorhanden und lässt, auch auf Grund der anderen Buchstaben, auf römische Zahlen schließen. Weiterhin sehen Sie ein „I" und ein „L", in abstrakter Form. Es gibt nur eine mögliche Reihenfolge der römischen Zahlen: CLI. Die Lösungszahl ist somit 151.

Rätsel 3

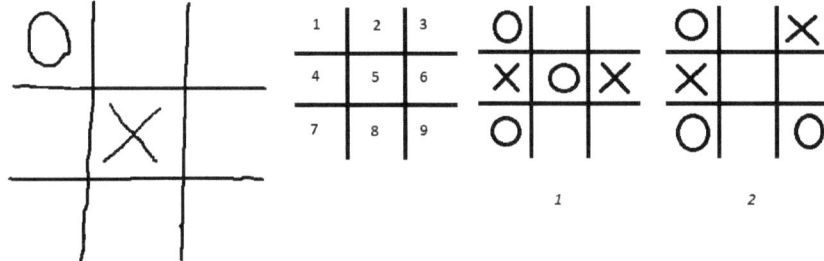

Zuerst beschäftigen Sie sich mit dem bekannten Spiel „XXO". Die Position des nächsten Zuges (Kreuz) ist entscheidend. Der Spieler mit „X" ist dran. Es gibt nur ein richtiges Feld um das Spiel nicht zu verlieren. Setzen Sie das „X" in der Mitte. Probieren Sie es einmal aus. Die beiden Beispiele daneben verdeutlichen den Sachverhalt. Bei Variante eins steht das X auf Feld 6. Danach kann der Kreis auf die 7 platziert werden. X muss jetzt zwangsläufig auf Feld 4 um nicht zu verlieren. Der nächste Kreis auf Feld 5 eröffnet zwei Optionen. Die Niederlage kann nicht mehr abgewendet werden. In Variante zwei setzt der Spieler das X auf Feld 3. Somit platziert man den Kreis wieder auf Feld 7. Mit Feld 4 verhindert X die Niederlage worauf Feld 9 erneut zwei Optionen zum Sieg eröffnet. Variante zwei kann in Abwandlung bei jeder Position, mit Ausnahme den Feldern 5 und 6, ausgespielt werden. Im mittleren Feld markieren Sie das entsprechende Symbol für die Zahlen im Sudoku. Das Symbol „ᴜ" zeigt die richtige Auswahl an Zahlen.

3	1	8	6	5	7	9	4	2
5	2	4	3	9	1	8	6	7
6	7	9	2	8	4	5	3	1
2	9	3	5	6	8	1	7	4
8	5	7	1	4	2	6	9	3
4	6	1	7	3	9	2	8	5
9	8	2	4	1	3	7	5	6
7	3	5	8	2	6	4	1	9
1	4	6	9	7	5	3	2	8

Lösen Sie das Sudoku entsprechend auf. Sie erhalten die Zahlen für die Lösungsformel: 2-3-5-7. Im Ergebnis ist __,0 zu sehen. Demzufolge muss eine ganze Zahl errechnet werden. Es gibt nur ein mögliches Ergebnis, welches allerdings durch verschiedene Verteilungen errechnet werden kann. So führen: (2+3-5)/7 und (2+5-7)/3 zum Ergebnis Null. Beachten Sie, dass nur die Division durch Null nicht definiert ist. Ist die Null der Dividend beträgt das Ergebnis immer Null. Somit lautet die Lösungszahl Null.

Rätsel 4

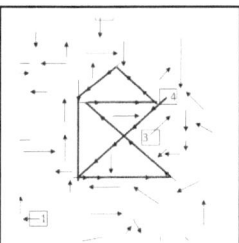

Um die richtigen Werte für die Lösungsformel zu erhalten müssen Sie das Gleichungssystem lösen. Vier Variablen benötigen vier Formeln. Drei Formeln kennen Sie bereits. Die letzte müssen Sie sich erarbeiten. Zuerst folgen Sie den richtigen Pfeilen. Hierzu schauen Sie sich die Überschrift genau an. Wenn Sie die Zeichen übersetzten werden Sie „Anfang 4" lesen. Somit ist der erste Schritt getan. Es erscheint das „Haus vom Nikolaus" mit einer fehlenden Seite. Arbeiten Sie genau und mit Lineal. Manchmal verlaufen die verlängerten Linien nur ganz knapp an anderen Pfeilen vorbei.

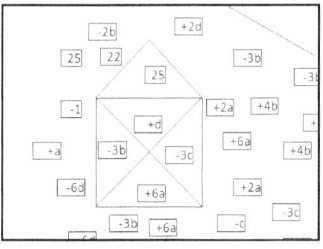

Setzen Sie die Zeichnung an die fehlende Seite an. Es entstehen fünf Felder. In diesen fünf Feldern sehen Sie die Elemente der fehlenden Formel. Nun können Sie sich an die Arbeit machen und das Gleichungssystem lösen. Folgende Werte errechnen Sie: a=3, b=-2, c=1 und d =4. Die Lösungszahl ist 6.

Rätsel 5

Wichtig! Lösen Sie zuerst Rätsel sieben wenn Sie die Lösung noch nicht entdeckt haben. Vorher sollten Sie diese Auflösung nicht weiter verfolgen.

Die Abbildung zeigt das europäische Land Norwegen. Das „X" markiert die Stadt Oslo. Im zweiten Teil sehen Sie zwei Zahlenstrahlen, welche auf Koordinaten hindeuten. Daraus ist zu schließen, dass Sie die Koordinaten der Stadt Oslo benötigen. Oslo liegt auf 60°N und 10°O. Am Ende eines jeden Strahles sehen Sie den Wert der entsprechenden Markierung. Daraus sind die Werte der einzelnen Abschnitte abzuleiten. Da die Zahl 60 nur auf der senkrechten Achse Platz findet (10er-Schritte) wird die Zahl zehn auf der waagerechten Achse (2er-Schritte) abgetragen. Der Koordinatenpunkt beschreibt die Position des Mondsymbols. Dieses Symbol ist ebenfalls noch bei Rätsel sieben vorhanden. Zusätzlich weist der Rätselbereich mit dem Mond im Rätsel sieben vier Punkte auf, welche die Lösung in dem Teil darstellen. Diese müssen im Bezug zum Mondsymbol exakt auf dieses Rätsel übertragen werden. Dadurch erhalten Sie folgendes Bild:

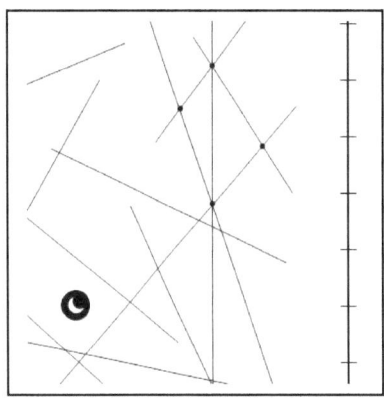

Die vier Punkte zeigen die Ecken der Lösungsfigur. Die Lage des Mondes entspricht genau den Koordinaten. Somit ist die Figur für den Code:

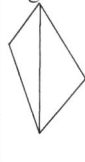

Rätsel 6

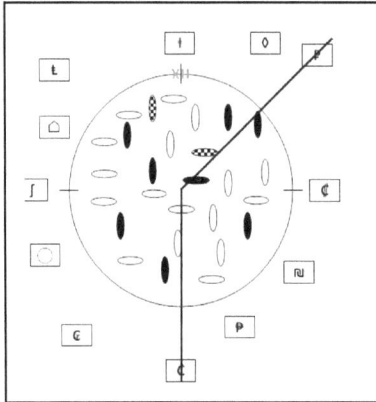

Die Zwölf am oberen Teil des Kreises verweist auf eine analoge Uhr. Ihre Aufgabe besteht nun im Abtragen der Zeit auf dem Ziffernblatt. Sie sehen 15 senkrechte und 12 waagerechte Ellipsen. Die waagerechten Ellipsen entsprechen den Stunden und die senkrechten Ellipsen den Minuten. Bei 60 Minuten entspricht eine Ellipse 4 Minuten, da es 15 Ellipsen gibt. Dass die 15 Ellipsen die Stunden darstellen wäre im Vergleich unpraktisch. Der Pfeil in der Überschrift zeigt das Vergehen der Zeit von weiß zu schwarz an. Schwarz ist Vergangenheit und weiß noch die Zukunft. Das quadratische Muster steht für die Einfärbung der Hälfte der Ellipse. 1,5 waagerechte Ellipsen und 7,5 senkrechte Ellipsen stehen für 01:30 Uhr. Die beiden Symbole werden in Verlängerung markiert.

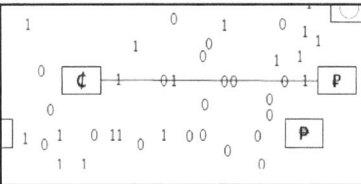

Verbinden Sie die beiden Symbole und Sie markieren den Binärcode: 1010001. Er steht für die Zahl 81. Die grauen Lösungsfelder werden in der Mitte gespiegelt. Dies zeigt das Dreipfeilsymbol. Somit erhalten Sie die Zahlen 18 und 81. In der Tabelle lesen Sie nun das Lösungssymbol „♦" ab.

Rätsel 7

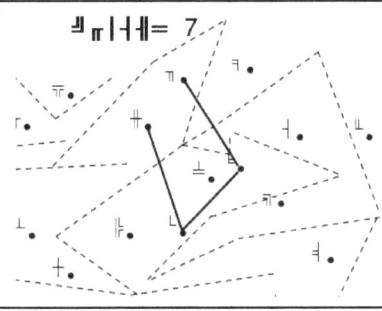

Zunächst beginnen Sie mit dem Symbol des Mondes und verbinden die Buchstaben in der geschriebenen Reihenfolge. Auf diese Weise „schneiden" Sie einen Teil der gestrichelten Linien heraus. Das ist ein Teil eines Sternbildes. Der zweite Teil ist bereits in dem umrahmten Rechteck rechts unten gegeben. Fügen Sie diese beiden Elemente richtig zusammen und Sie erhalten das Sternbild Skorpion:

Das Symbol des Skorpions ist auch des Rätsels Lösung. Die Position der vier Lösungsbuchstaben werden Sie noch anderweitig benötigen.

Rätsel 8

Auf der zweiten Seite des Buches sehen Sie genau den gleichen Rahmen mit der Frage und dem Haupträtsel des Buches. In diesem Rätsel sind die Felder der Buchstaben vorgegeben. Dadurch und durch den genau gleichen Rahmen ist der Bezug zueinander erkennbar. Tragen Sie die Frage ein und Sie werden auf den markierten Feldern die Buchstaben des Wortes „Eisen" erkennen.

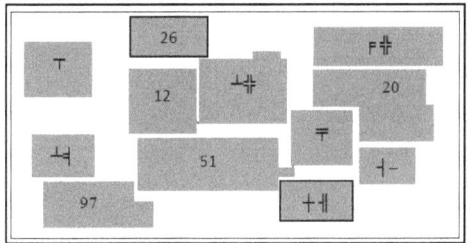

Die Ordnungszahl von Eisen ist 26 und das chemische Symbol lautet Fe. Schneiden Sie die Felder sowie die Schablone aus und legen Sie diese über das Rechteck mit den geteilten Figuren. Sie werden zwei Elemente selektieren. Setzen Sie die Teile zusammen und Sie sehen die Lösungsfigur:

Rätsel 9

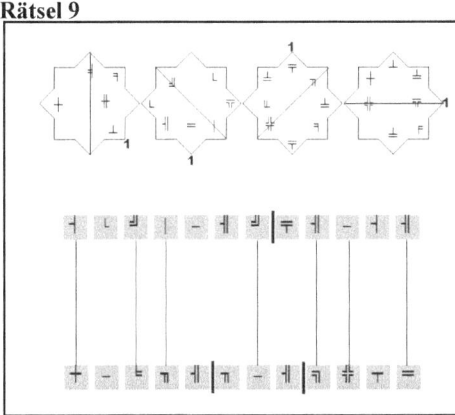

Zuerst sortieren Sie die Buchstaben der beiden unteren Aussagen: „sortier weise" und „ finde die Zahl". Die Linien der verbunden Felder stellen sich daraufhin senkrecht. Da das „R" und das „E" in den Worten der ersten Aussage jeweils zweimal vorkommt, kann eine andere Anordnung auch Diagonalen aufweisen. Es liegt an Ihnen sich für die richtige Variante zu entscheiden. Die geordnete Darstellung liegt für eine Lösung näher und zeigt einen Binärcode. Keine Linie bedeutet Null und eine Linie bedeutet Eins. Somit erhalten Sie den Code für die Zahl:2861. Ziehen Sie in den Achtecken jeweis eine Linie von der entsprechenden Position in das gegenüberliegende Feld. Die „Eins" sowie die Aussage unter der Überschrift geben Auskunft über die Nummerierung.

Sie markieren die Buchstaben des Wortes Quadrat ungeordnet. Dies ist die Lösungsfigur.

Rätsel 10

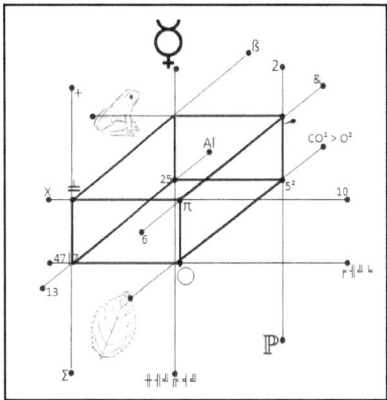

In der Aufgabe sehen Sie ein Koordinatensystem bei welchem die x-Achse (waagerecht) und die y-Achse (senkrecht) ohne Skalierung gegeben sind. Anhand der beiden gegebenen Koordinatenpunkte kann die Skalierung erschlossen werden. Da der Wert der x-Achse standardmäßig zuerst genannt wird, liegen die Zahlen auf der x-Achse und die Buchstaben auf der y-Achse. Nun ist Aufmerksamkeit gefragt. Die erste Seite (Titelseite) zeigt die Koordinaten für eine Figur. Diese müssen Sie nacheinander eintragen und verbinden. Es entsteht ein Pfeil. Der Pfeil deutet auf die Fabelwesen: Chimäre, welche auch als Mischwesen bekannt sind.

+	−	╤	⊥	╔	╙
╫	╬	╡	╕	╜	╓
├	╥	│	╤	╤	
╕	└	╧	╛	╕	⅃
╔	╢	=	╘		

Verbinden Sie nun im zweiten Teil die Buchstaben des Lösungswortes. Sie zeichnen die Zahl fünf, wenn auch etwas abstrakt. Dies ist die Lösungszahl für das Rätsel.

Rätsel 11

Verbinden Sie zuerst die zwölf Paare wie links abgebildet. + und Σ(Summenzeichen), 2 und „P" (Symbol für Primzahlen), 47|7 und Bern (Koordinaten), Merkur und dessen Symbol, Kreis und Pi (Verhältnis Durchmesser zu Umfang), Frosch und Kaulquappe (Lebensstadien), Ti und 22 (Ordnungszahl und Zeichen für Titan), 6 und & (dieselbe Taste auf einer Tastatur), 25 und 5², X und 10 (römische Zahl) Blatt und $CO_2 \rightarrow O_2$ (Erzeugung von Sauerstoff durch Pflanzen). So entsteht eine Sammlung von Linien. Diese zeichnen die geometrische Figur des Quaders. Schreiben Sie diesen Begriff entsprechend in die vorgesehenen Felder. Drei Symbole müssen nun zu einem Symbol vereint werden. Das ist aus den Linien zu schlussfolgern.

Somit entsteht folgendes Lösungssymbol für den Code:

Rätsel 12

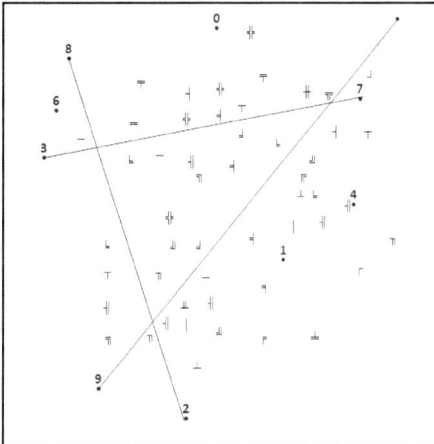

Zuerst verbinden Sie die richtigen Faktoren wie auf dem Bild. Im Inneren des Dreiecks haben Sie somit einige Buchstabensymbole selektiert. Diese gilt es nun entsprechend dem Vordruck auf dieser Seite zu ordnen. Im unteren Teil der Figur sind vier Symbole etwas abseits. Diese gehören zusammen und stellen das zweite Wort dar. Der Rest gehört folglich zum ersten Wort. Richtig sortiert lesen Sie: „neunzig Grad". Diese Angabe wenden Sie auf die zweite Grafik an. Sie sehen die Beschriftung mit 0° und 180°. Somit sind 90° klar abzutragen.

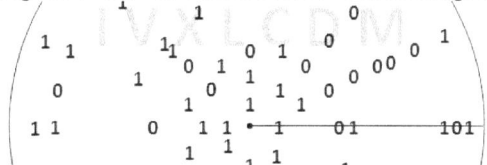

Auf diese Weise selektieren Sie den Binärcode: 101101. Dieser steht für die Ziffer 45. Schreiben Sie diese Zahl in römischen Zeichen auf und legen Sie die drei Buchstaben (keine Symbole, was aus der grauen Darstellung im Kreis zu schlussfolgern ist) übereinander und Sie erhalten das Symbol:

Rätsel 13

Auf dem Cover finden Sie eine Abbildung eines Teils der Scheibe. Darunter sehen Sie vier Kreise mit vier Markierungen. Legen Sie diese Kreise über die Abbildung und die Punkte markieren vier Winkelbereiche auf der Scheibe und selektieren die ausgewählten Sternzeichen. Dazu gehören die Sternbilder: Waage, Löwe, Stier und Fische.

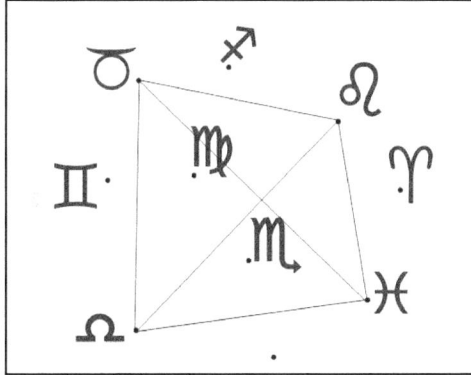

Im zweiten Teil verbinden Sie die Sternzeichen miteinander. Da es keinen Hinweis der Reihenfolge gibt verbinden Sie jedes Zeichen mit jedem. Das lässt auch die Abbildung auf dem Cover vermuten. Auch dort sind alle Punkte miteinander verbunden. Somit erhalten Sie die Lösungsfigur für den Code:

Rätsel 14

Zuerst lösen Sie das Zahlenrätsel. Wichtig ist der Hinweis auf die natürlichen Zahlen, was aus „= N" abzuleiten ist. Es gilt sieben natürliche Zahlen zu finden. Da die vierte und siebente Zahl in Summe fünf sind können diese jeweils nur Werte von 1 bis 4 haben. Das Produkt der siebenten und zweiten Ziffer ist 16. Aufgrund der Kriterien der siebenten Zahl kann die zweite Ziffer nur acht oder vier betragen. Da die zweite Zahl kleiner als fünf ist muss sie den Wert vier haben. Jetzt lassen sich alle anderen Zahlen schlussfolgern, sodass Ihre Lösung 5,4,3,1,12,6,4 ist.

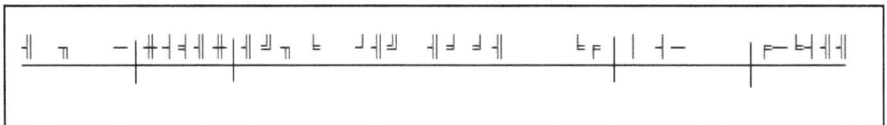

Die Summe der Zahlen ist 35. Somit teilen Sie die Linie in 35 Einheiten. Tragen Sie anschließend die Teilbereiche ab und Sie markieren Buchstabengruppen. Geordnet ergeben sie den Satz: „Die Summe der natürlichen Zahlen (als mathematisches Symbol „N") gegenüber ist sieben." Das ist bei einem klassischen Würfel der Fall. Die Lösungsfigur ist somit ein geometrischer Würfel.

Rätsel 15

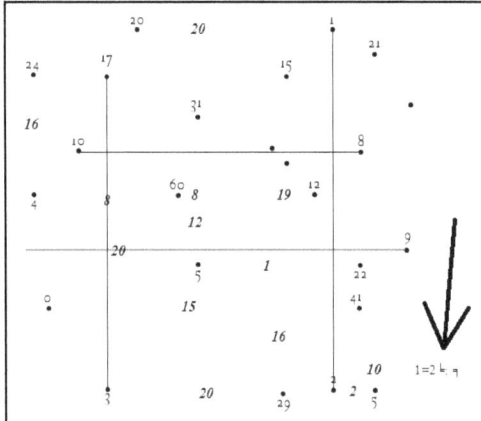

Zuerst müssen Sie allen Zahlen einen Wert zuordnen. Rechts unten (Pfeil) sehen Sie Hinweise für die Variable 1. 2n ist die typisch mathematische Schreibweise für gerade Zahlen. Der Buchstabe P steht für Primzahlen. Die einzig gerade Primzahl ist die Zahl zwei. Somit lassen sich alle anderen Werte wie folgt errechnen: 1=2, 11=9, 17=3, 10=8. Verbinden Sie die Zusammengehörigen Zahlen auf dem Feld. Sie zeichnen dadurch ein Rechteck. Die anderen Zahlen verweisen auf Seitenlängen. Auch impliziert der Lösungshinweis „A=__" (wobei für „=" das Zeichen für „entspricht" steht) die geometrische Lösung des Flächeninhaltes. Der Flächeninhalt des Rechtecks ist 160, was auch die Lösungszahl ist.

Rätsel 16

Au und 79 stehen für das Element: Gold. Somit ist der Hinweis auf den goldenen Schnitt gegeben. Tragen Sie diesen beidseitig von der Linie ab. Auf diese Weise teilen Sie die Ziffern in drei Binärcodes.

O O O I	I I I	OO III	OOI	OOO O	IOOII

In die Lösungsgleichung setzen Sie die Zahlen 15, 57 und 19 so ein, dass eine ganze Zahl errechnet werden kann (erkennbar am „Z" in der Lösung). Sie rechnen 57/19+15=18. 18 ist somit die Lösungszahl.

Rätsel 17

Zuerst ergänzen Sie die Zahlenfolgen.
Erste Reihe: +2, x2, -1 Lösungszahl: 7
Zweite Reihe: Primzahlen Lösungszahl: 3
Dritte Reihe: x(-2), +3, -2 Lösungszahl: 1
Vierte Reihe: /2, +5, -1, -4 Lösungszahlen: 5 und 6
Im nächsten Schritt müssen Sie die korrekte Lösungszahl finden. Die Kreise um die Zahlen bilden von innen nach außen fortlaufend ganze Zahlen ab. Die Abbildung der Zahlenfolge soll darauf hindeuten. Ein Kreis muss das Muster fett-dünn-fett-dünn-fett-fett-fett anzeigen. Dünne Linien davor oder danach sind irrelevant. Sie bedeuten lediglich die Darstellung weiterer Zahlen, welche jedoch nicht in der Lösungsmenge vorkommen. Die richtige Lösung ist 51. Zählen Sie: 0,**1**,2,**3**,4,**5**,**6**,**7**,8,9

Rätsel 18

5	3	7	1	6	2	4
2	4	5	3	1	6	7
6	1	2	5	4	7	3
1	7	4	6	3	5	2
7	2	6	4	5	3	1
4	6	3	7	2	1	5
3	5	1	2	7	4	6

Auf dem Cover sehen Sie eine kleinere Variante des Zahlenspiels „Nachbarn" gelöst. Daraus können Sie die Regeln ableiten. Die Zahlen 1-7 sind in den Zeilen und Spalten jeweils einmal vorhanden. Sind Zahlen durch eine fette Linie getrennt, dann haben diese beiden Zahlen eine Differenz von eins. Andernfalls ist die Differenz größer als eins.

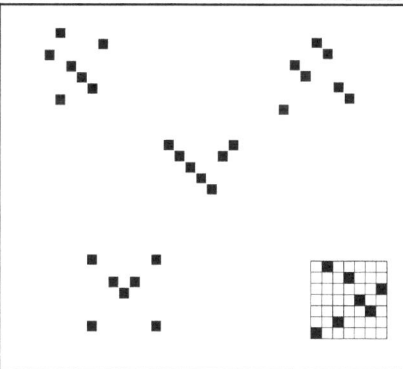

Im nächsten Schritt müssen Sie den richtigen Schlüssel zur weiteren Selektion der Zahl finden. Es ist naheliegend nur jene Schablonen zu untersuchen welche 7x7 Felder haben. Nur so kann die Schablone eindeutig auf das Zahlenfeld übertragen werden. Ziehen Sie zur Hilfe die Gitterlienen. So können Sie die Positionen genau bestimmten. Orientieren Sie sich hierzu immer an den äußersten schwarzen Kästchen. Eine Schablone (siehe Abbildung) verdeckt ausschließlich die Dreien im Logikspiel. Alle anderen selektieren wahllos Zahlen oder haben die falsche Anzahl an Zeilen und Spalten. Somit muss die Lösung mit der Ziffer drei gefunden werden.

7	14	0	5	8	3	22	13	11	40
19	35	38	73		16	11	8	5	17
41	49	47		7	7	7	7	7	7
13	91		12	25	0	26	7	0	0
20	19	89	88	86	85	83	82	80	79
6	8	10	12	13	9	10	11	13	10
ꠇ	ꠅ	−	ꠇ	ꛦ	ꠌ	ꠅ	1	1	1
70	80	50	40	20	10	11	71	73	74
40	13	91	19	89	98	13	10	10	16
71	61	41	15	31	0	ꠇ	ꛦ	ꛦ	=

Verbinden Sie nun im letzten Schritt die Vielfachen der Zahl drei in der entsprechenden Reihenfolge. Als kleine Hilfe steht im Rätsel auch: „zeichne Zahl". Somit ist die Art der Lösung klar. Verbinden Sie die Zahlen 3-6-9-12-15 und Sie zeichnen die Lösungszahl vier.

Rätsel 19

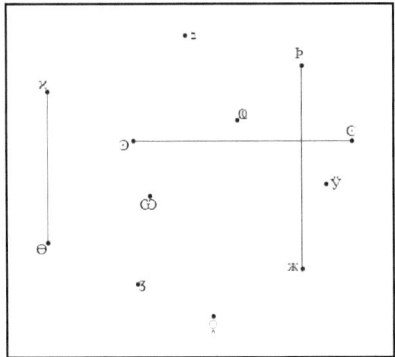

Auf dem Cover finden Sie den Hinweis „V und 42". Daneben sind zwei senkrechte und eine waagerechte Linie abgebildet. Finden Sie die drei Symbolpaare deren Punkte auf diesen Linien liegen. Diese Paare benötigen Sie für den zweiten Teil des Rätsels.

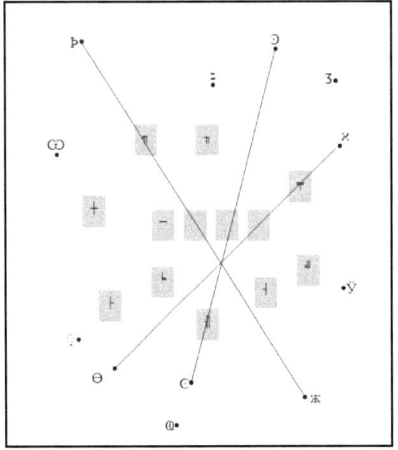

Verbinden Sie die Paare im zweiten Teil. So selektieren Sie drei Buchstaben und ordnen diese den freien Feldern in der Mitte zu. Dadurch erhalten Sie vier Buchstaben für das Lösungswort „zwei". Ordnen Sie diese Buchstaben noch und Sie haben das Rätsel gelöst.

70

Rätsel 20

Zuerst müssen Sie die richtige Zeichensammlung für die erste Aufgabe entdecken. Das ist das unterste Quadrat. Entsprechend der Formel befinden sich darin: 14 Quadrate, 7 Dreiecke, 11 Striche und 3 Rechtecke. Somit können Sie die anderen Aufgaben lösen. An erster Stelle stehen immer die Quadrate, danach die Dreiecke, darauf folgend die Striche und am Ende die Rechtecke. Sie erhalten folgende Aufgaben: 11+4-9+10=16, 1+20-3+21=39 und 9+10-15+8=12. Tragen Sie die Ergebnisse 13, 16, 39 und 12 nun in der richtigen Reihenfolge in die Lösungsgleichung.

Auf den entsprechenden Seiten sind Farben geschrieben. Außerdem sehen Sie bei der Aufgabe einen Pfeil mit dem Hinweise auf die Wellenlänge der Farben im sichtbaren Wellenspektrum(400-800 Nanometer). Sortieren Sie die Farben nach ihrer Wellenlänge aufsteigend: blau, grün, gelb und rot. Jetzt ist Ihnen die Reihenfolge der Zahlen für die Aufgabe bekannt: 16, 12, 13 und 39. Sie rechnen 16/2+12-13+39=46 und erhalten so die Lösungszahl.

Der Code

Auf der folgenden Seite sehen Sie das Feld mit den Buchstabensymbolen. Darüber liegt eine Schablone mit den entsprechenden Feldern, welche die Lösungsworte zeigen. Schneiden Sie dafür die Felder aus, welche ausschließlich die Symbole der Rätsel abbilden. Das ist das Kriterium um ein Wort zu selektieren. Es gibt auch Felder, welche die Symbole der Rätsel und andere Symbole abbilden. Diese gehören folglich nicht zur Lösung dazu. Ein Feld gehört nur dann dazu, wenn alle Symbole des Feldes in den Rätseln als Lösungssymbole dargestellt werden.

Im nächsten Schritt müssen Sie herausfinden was geschrieben steht. Die Reihenfolge der Buchstaben ist korrekt. Die Worte müssen jedoch sortiert werden. Der Satz lautet: „Finde die richtige Primzahl. Sie wird Dir den weiteren Weg weisen." Wo ist eine Primzahl zu finden?

Ihre Schablone hat ausgeschnittene Flächen, welche wie die Symbole der Buchstaben aussehen. Somit stehen Ihnen die römischen Ziffern „LXXXIX" zur Verfügung.. 89 ist die Lösung und wird Ihnen weiterhelfen.

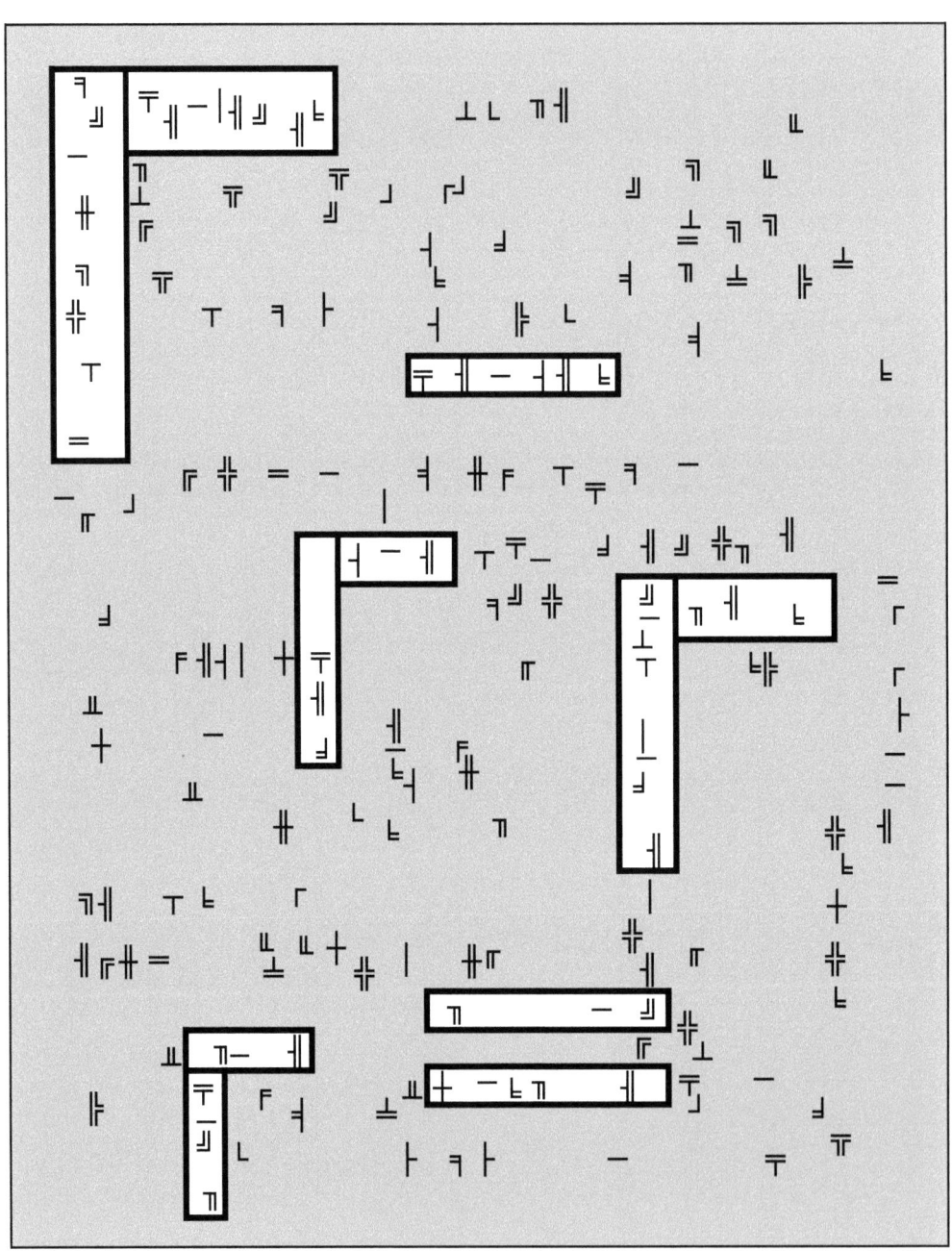

Rätsel 21

Auf Seite eins steht geschrieben was zu tun ist. *„Zieh beim ersten Rätsel eine diagonale Linie von der Zahl nach rechts und zwei Felder tiefer".* Somit kommen erhalten Sie das Symbol: ö.

Rätsel 22

Gedanklich ziehen Sie eine Linie in Feldern. Beispielsweise beginnen Sie mit 1xlinks und gehen dann einmal nach oben. Jedoch gibt es keinen Hinweis über die Reihenfolge der Schritte. Nach genauerer Überlegung ist das auch nicht nötig. Sie müssen nur oben und unten gegeneinander aufwiegen. Da es viermal nach unten geht und nur dreimal nach oben liegt das Lösungsfeld eine Stufe tiefer. Die richtige Lösungszahl ist die Ziffer sechs.

Rätsel 23

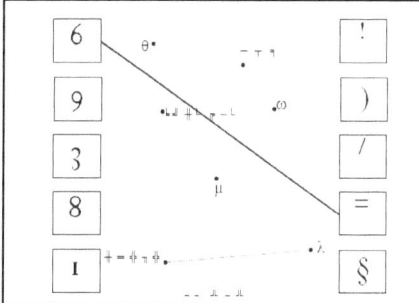

Verbinden Sie zuerst den griechischen Buchstaben Lamda mit seinem geschriebenen Pendant. Das ist auch das einzige Paar. Diese Linie würde, ausgehend von dem Feld sechs, genau zwischen zwei Zielfeldern verlaufen. Es muss also noch etwas getan werden. Die Seitenzahl „40°" steht einmal für die Seite und deutet einen Winkel für die Lösung an. Tragen Sie den Winkel nach unten ab (oben würde ausgehend vom Zahlenfeld ins Leere verlaufen) und Sie zeichnen die Lösungslinie. Diese deutet vom Zahlenfeld zum Lösungssymbol „=".

Rätsel 24

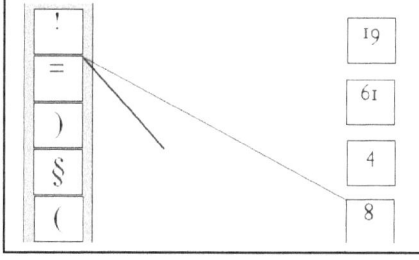

Nehmen Sie einen Atlas zur Hilfe und suchen Sie die markanten Punkte. Die Ausgangslinie ist die Verbindung zwischen Paris und den Pyramiden von Gizeh. 8848 m ist der Mount Everest hoch. Ziehen Sie eine Linie von Paris zum Mount Everest. Der Eifelturm gehört optisch zu den Ausgangssymbolen. Daher ist Paris die Quelle. Diese Linie liegt in einem rund 20° Winkel auf der Ausgangslinie. Tragen Sie diese Linie ab und Sie erreichen die Lösungszahl acht. Die Lage zueinander ist im Rätsel natürlich nicht original, sodass Sie sich den Winkel erarbeiten müssen.

Rätsel 25

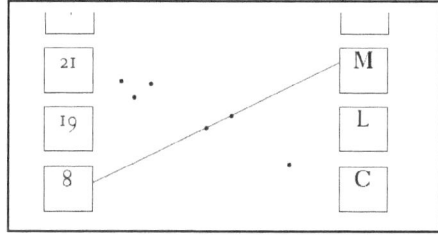

Damit eine Verbindungslinie eindeutig gezeichnet werden kann muss Sie durch zwei Punkte gehen. Da der Start und das Ziel keine Zeichnungspunkte haben müssen die Punkte auf dem Feld zu finden sein. Es gibt nur eine Linie welche zwei Punkte und auch zwei Felder sinnvoll verbindet. Der Buchstabe „M" ist die Lösung.

Rätsel 26

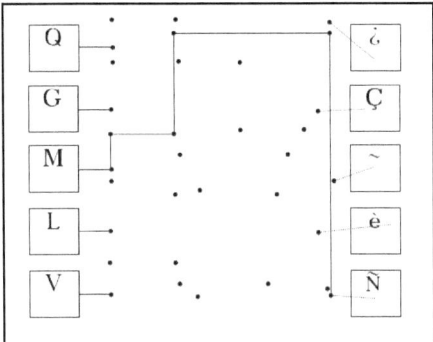

Die Grafik oben im Rätsel stellt die Fibonacci-Folge dar. Diese lautet: 1,1,2,3,5,8... . Auf Seite 36 ist ein Verweis auf Rätsel 26 und der Hinweis auf rechte Winkel. Die Einheit der Zahlen wird mit der ersten Linie gezeigt. Dies ist die Zahl eins. Darauf folgen eine zweite eins und dann eine doppelt so lange Linie. An jedem Punkt muss ein rechter Winkel abgetragen werden. So gelangen Sie zur Linie des Lösungsfeldes mit dem Symbol: Ñ.

Rätsel 27

6	7	1	4	2	20	2	4	6	7	1	20	10	3	5	1	1	20
5	7	16	4	5	2	20	3	5	7	81	26	2	11	5	1	3	4
2	4	8	16	32	64	1	2	4	8	16	32	3	6	12	24	48	96
7	2	6	9	1	4	6	5	1	5	3	26	4	3	9	13	1	7
10	4	10	4	10	4	6	7	6	7	6	7	14	1	14	1	14	1
6	1	10	4	1	11	1	4	6	7	8	7	3	1	10	1	3	15

Lösen Sie zuerst die Zahlenblöcke auf. Alle Blöcke gehören zusammen. Gehen Sie wie folgt vor:
1. Die Diagonalen von links oben nach rechts unten sind immer fortlaufend.
2. Die Werte der dritten Zeile werden von links an verdoppelt.
3. Die vierte Spalte hat die Summe 41 und ein Summand ist immer viermal vorhanden.
4. Die fünfte Zeile hat zwei Zahlen im Wechsel.
5. Die Summe der ersten Spalte ist 36.
6. Die letzte Zahl der ersten Zeile ist 20 und bildet die Summe der anderen Zahlen.
7. Die Summe der zweiten Spalte ist 25.
8. Die Summe der sechsten Zeile ist 33.

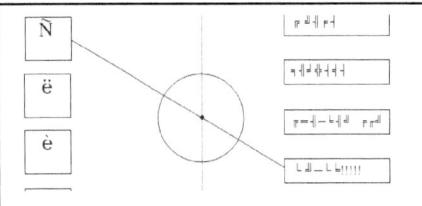

Zeichnen Sie die markierten Zahlen in die Uhr und verlängern Sie die Linie. Schieben Sie die Uhr so weit nach unten bis ein Ende der Linie auf dem Ausgangssymbol liegt. Das andere verweist nun auf das Sternbild Orion.

Rätsel 28

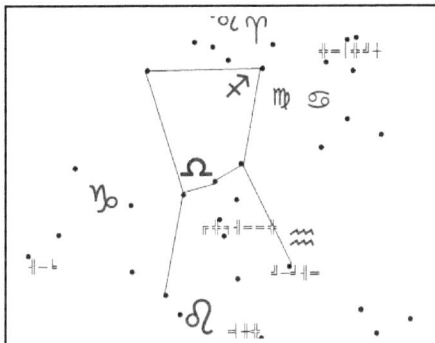

Zeichnen Sie das Sternbild des Orion. Orientieren Sie sich dabei an den Namen der Sterne. Rigel gehört zum Orion. Das Sternbild ist nun eindeutig zu zeichnen. Sie haben somit die beiden Sternzeichen Schütze und Waage selektiert. Es gibt verschiedene Darstellungen des Orion. Alle führen zu der Markierung dieser beiden Symbole. Diese benötigen Sie für das nächste Rätsel.

Rätsel 29

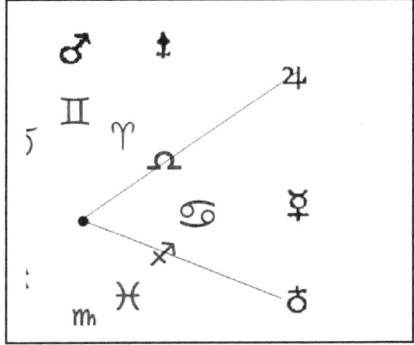

Ziehen Sie aus dem Zentrum zwei Linien zu den Sternzeichen Schütze und Waage. In Verlängerung zeigen diese Linien die Symbole der beiden Planeten für das nächste Rätsel.

Achtung!!! Auf der nächsten Seite befindet sich die Lösung des finalen Rätsels!

Rätsel 30

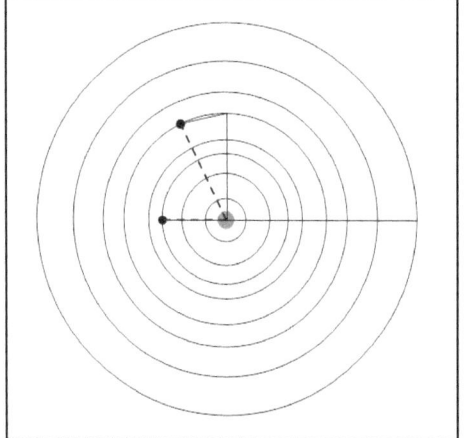

Zur besseren Übersicht sind nur die Planeten der Lösung abgebildet. Zunächst ziehen Sie eine Linie vom Zentrum zu den Planeten. Der jeweilige Planet und die Linien an ihm gehören zusammen und werden für den nächsten Schritt benötigt. Beachten Sie, dass die Erde eine durchgezogene Linie aufweist. Somit ist die gezogene Linie eine zweite Linie und der linke Teil vom Punkt wird neutralisiert. Das Rätsel ist derart aufgebaut, dass sich doppelte Linien aufheben. Das müssen Sie während der Lösung merken und berücksichtigen.

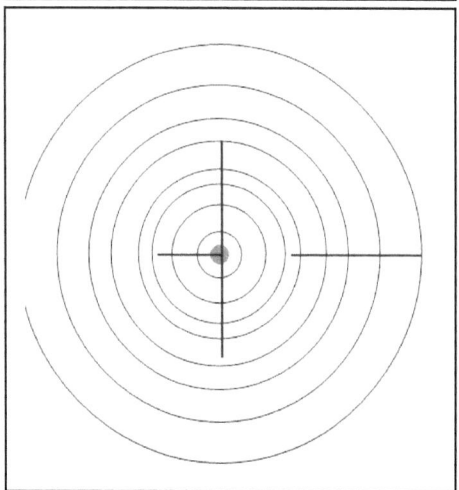

Wenn Sie die Linien in Originalgröße auf die zweite Abbildung übertragen und sich am Mittelpunkt orientieren, dann erhalten Sie folgende Lösung (ohne Kreise). Die waagerechte Linie links vom Punkt ist gegeben und bleibt, da sich die beiden Linien im ersten Schritt aufgehoben haben. Rechts vom Punkt wird die Linie nur teilweise übernommen, da der Anfang bis zum dritten Kreis gegeben ist und sich somit neutralisiert. Die gezeichnete Linie zum Jupiter sowie dessen erste gerade Linie heben sich ebenfalls auf. Die Linie bis zum Mittelpunkt wird stattdessen übernommen. Beachten Sie, dass diese Linie nicht(!) durchgehend ist und am Punkt endet. Der senkrechte Teil unter dem Punkt ist gegeben. Somit entstehen die Symbole der Buchstaben Si für das Element Silicium.
Silicium ist das gesuchte Element des Buches.

Ich hoffe Sie hatten viel Spaß und Freude an den Rätseln. Für Anmerkungen und Anregungen senden Sie ein Feedback an

raetselbuch@gmx.de

Vielen Dank